《文化繁荣视域下的高校图书馆社区精准服务研究》（2018 年泉州市社科规划项目，项目编号：2018D38，主持）

《新媒体时代下闽高职院校学生阅读行为分析与阅读推广研究》（福建省教育厅 2016 年第一批福建省中青年教师教育科研项目，项目编号 JAS161046，参与）

高校图书馆建设发展与智慧服务创新研究

蓝开强　著

汕头大学出版社

图书在版编目（CIP）数据

高校图书馆建设发展与智慧服务创新研究 / 蓝开强
著 . -- 汕头：汕头大学出版社，2022.11
ISBN 978-7-5658-4867-4

Ⅰ．①高… Ⅱ．①蓝… Ⅲ．①院校图书馆－图书馆工
作－研究－中国 Ⅳ．① G259.256

中国版本图书馆 CIP 数据核字（2022）第 216741 号

高校图书馆建设发展与智慧服务创新研究
GAOXIAO TUSHUGUAN JIANSHE FAZHAN YU ZHIHUI FUWU CHUANGXIN YANJIU

作　者：蓝开强
责任编辑：黄洁玲
责任技编：黄东生
封面设计：李　静
出版发行：汕头大学出版社
　　　　　广东省汕头市大学路 243 号汕头大学校园内　邮政编码：515063
电　话：0754-82904613
印　刷：廊坊市海涛印刷有限公司
开　本：710mm×1000mm　1/16
印　张：12
字　数：200 千字
版　次：2022 年 11 月第 1 版
印　次：2023 年 2 月第 1 次印刷
定　价：48.00 元
ISBN 978-7-5658-4867-4

前言

　　高校是进行高等教育的阵地，是培养国家和社会发展需要的综合性人才的沃土。高校担负着人才培养、科学研究、社会服务、创新创业等工作职能，图书馆作为高校的一个重要组成部分，在学校的建设和发展中起着非常重要的作用。高校中的广大教师、员工和在校的大学生、研究生等群体，都需要丰富的图书及文献资料，为开展教学、科研活动和日常学习提供保障，而丰富的图书及文献资料的来源就是图书馆。由此可见，高校图书馆是学校知识储备的宝库，是校园文化建设的殿堂，是人才培养的动力源泉，也可以说是一所大学的心脏。

　　以信息技术为先导，高校图书馆迎来了向信息化全面转型发展的重要历史时期。高校图书馆紧跟信息技术的发展步伐，不断地传承、改革与创新，在学校建设和发展中，努力寻求自身的突破。基于此，特撰写《高校图书馆建设发展与智慧服务创新研究》一书。本书首先以高校图书馆的教育功能、高校图书馆建设促进大学生自主学习以及高校图书馆建设的意义与原则切入，对高校图书馆文化建设与传承创新、高校图书馆文献信息资源建设与评价展开研究；接着紧跟时代脉搏，从信息化、数字化和网络化三方面探讨高校图书馆建设的发展方向；最后通过分析高校图书馆智慧服务运行及提升策略，研究高校图书馆学科服务与智慧化发展。本书的出版对高校图书馆的建设与发展具有一定的借鉴意义。

笔者在撰写本书的过程中，得到了许多专家学者的帮助和指导，在此表示诚挚的谢意。由于作者水平有限，加之时间仓促，书中所涉及的内容难免有疏漏之处，希望各位读者多提宝贵意见，以便作者进一步修改，使之更加完善。

第五章　高校图书馆智慧服务运行及提升策略

第六章　高校图书馆学科服务与智慧化发展

第一章
高校图书馆建设

第一节　高校图书馆建设的重要意义

高校图书馆建设的意义体现在以下方面：

第一，促进高校图书馆进入良性循环。高校图书馆是精神、文化相互融合的育人场所，是弘扬高校精神文明建设，促进社会精神文明建设的重要阵地。随着社会文明的发展进步，高校图书馆必将会承担起越来越重的社会责任。高校图书馆虽然没有向社会公众开放，但是它承担着高校精神文明建设与教育的重要职能，在进行精神文明建设的同时，专业人才的引进和文献资源的日益丰富，也会不同程度地受到社会文明发展进步的影响。可以说高校图书馆的文明程度和精神文明建设是成正比的，它们是相互影响、相互促进的关系。

第二，对高校校园文化建设的影响。随着我国经济实力的不断提升，投入到高校建设的资源越来越多，高校的物质文化建设得到了全面的提升，校园的环境焕然一新，但是也带来了物质文化与精神文化发展不均衡的问题。作为一个对外开放的产业，高校图书馆既是学校对外展示的名片，也对全面提升高校自身的文化建设，不断丰富校园文化的内容发挥着重要的作用。

第三，高校图书馆服务管理的规范化。高校图书馆虽然有规范的管理制度，但在日常管理上还需要秉持"以人为本"的思想，努力做到规范化与人性化相结合，真正做到为读者考虑、为读者服务。通过不断地完善高校图书馆的管理制度，对读者的行为既要起到约束作用，还能让读者享受到及时的、热情的服务，这才是高校图书馆管理服务的发展方向和最终目的。

第四，高校图书馆人才队伍的优化。随着当前社会需要的多样化发展，综合型人才受到广泛关注。所谓综合型人才，是指能够把理论知识与实践经验相结合的应用型人才。高校图书馆作为人才培养的基地，需要拥有一支高素质的工作人员队伍。图书馆工作人员的文化底蕴要与学校的精神气质相融合，在日常管理工作中不断提高自身的文化素养，以适应新时代图书馆建设发展的总要求。高校图书馆在招收选拔人才上，一定要优先选择符合图书馆方向的专业人才，进行定向培养，使其尽快融入角色。通过合理的绩效考核模式，激励工作人员不断提高自身的专业素质和业务能力，提升高校图书馆文化建设的深度与广度，使其充分发挥专业优势，把人才引进工作与图书馆的队伍建设和文化建设同步进行、相互促进，从而实现图书馆人才队伍的良性循环与发展。

第二节 高校图书馆建设的基本原则

高校图书馆建设是高校建设中重要的组成部分。高校在新时代发展背景下面临着机遇和挑战，高校图书馆应根据自身发展合理定位，展现出自己的特色和优势，为教学提供创新服务。

一、坚持以人为本的原则

建设高校图书馆的过程中不能仅重视硬实力方面的投入，软实力也是图书馆建设的重点，两者是相辅相成的。在建设图书馆软实力的过程中，"以人为本"的育人思想是图书馆的重点工作，也是软实力建设的重要内容。"以人为本"的思想体现了要平等地对待每一位读者，在确保其能够合理使用阅读资源的情况下保障读者的阅读权利和体验；进行制度建设的时候，要秉持以人为本的管理理念，要求工作人员和读者遵守规定的同时，更要尊重他们的选择，体现人文关怀。在图书馆空间设计上要求突出人性化设计元素，让工作人员和读者享受到宽松的氛围和阅读环境。

二、坚持资源匹配的原则

高校图书馆的建设经费主要为传统和非传统两种经费，按照购买书刊的费用划分为书刊类型经费与非书刊类型经费。根据购买的书刊性质的不同划分为专用书刊与一般性书刊。除了书刊专款外，学术与课程专款也是图书馆的经费划拨款项，图书馆对学术专款资金的去向和使用通常只起到监督作用；在特殊条件下，如果图书馆资金不充沛，需要使用相应书刊资料的部门，可以由本部门承担部分资金实现书刊的采购和使用。

目前，许多高校图书馆购买书刊仍沿用图书馆统一采购的方式，采购的过程中骨干教师和科研项目带头人参与其中，图书馆馆员会在他们挑选的基础上采购相应的专业和课程图书。在高校图书馆的建设过程中涉及资源共享的费用，这部分费用被统称为资源共享费用。为了建立数据信息资源库而产生的建设费用也是资源共享费用的一部分。高校可根据学校的实际发展情况，合理增加图书馆建设经费的投入。

三、坚持育人原则

目前国际趋势和国家未来的发展都呈现多元化的状态，高校图书馆在建设过程中应将多元化阅读体验和多元化服务建设作为建设发展的重要内容。在管理上要突出高校图书馆的育人功能，鼓励学生阅读，并参与到读书与交流活动中，影响学生细化阅读，陶冶情操的过程中，提升其鉴赏能力与交流能力。邀请校内外知名专家学者举办专题讲座，让高校学生在近距离与专家接触的过程中，领会阅读带来的乐趣，展示图书馆深厚的文化价值和底蕴，让高校图书馆的教育功能与职责深入人心。

第二章
高校图书馆文化建设

第一节　高校图书馆的文化价值

高校图书馆文化价值是高校图书馆及其工作人员，在读者服务的过程中满足读者文化需要，发挥文化功能和反映文化形态的属性。高校图书馆文化是指高校图书馆及其工作人员，以高等学校文化为背景，以图书文化为基础，在图书管理和提供利用的过程中所形成的特殊的思想观念、行为方式、价值准则、道德规范、心理态势、知识体系及外在形象等意识形态和物质形态的总和。

一、文化资源保障

图书馆最初存在的意义就是保存馆藏文献或知识，后来才开始提供读者阅览和交流服务的。因此，保存文献资源可以说是图书馆一个古老而又永存的使命。高校图书馆的基本职能是保存各种文献信息，这些文献信息不仅包括纸质形式的知识实体，还包括光盘、数据库、网络等电子数字型文献，以及以感光材料为载体的缩微文献磁性介质记录的声像型文献，记录了人类在多方面的活动信息，是人类各阶段文化的发展印记的缩影。

高校图书馆是文献收集中心、课程教学资源中心、各科知识信息中心和文化传播中心，其涵盖了国内外知名专家学者的专著、报刊杂志、小说传记等。因此，高校图书馆就是因文化积淀而生，是一个专门收集、整体、保存、归档、传播文献资源的知识宝库，它不仅是学术科研的服务机构，也时刻收藏和保藏先进文化和知识，掌握最前沿的学科发展动态，履行为师生科研服务的职能，其内在的文化资源保障价值是显而易见的。此外，大学生获取知识仅凭课堂教学是远远达不到，必须靠图书馆提供的大量课外阅读材料，补充和巩固大学生在课堂所学到知识。目前，国内很多高校图书馆在利用网络搭建数字网络图书馆，这样更拓宽和丰富了图书馆的资料文献体系。因此，高校图书馆的知识存储功能在不断强化，不仅要提供大量专业信息，还能查阅到很多课外科普信息等，深受广大师生的欢迎。因此，在网络时代，高校图书馆通过纸制和电子数据等多种渠道保障文化信息资源，使高校师生在和谐的文化氛围中吸取更多的文化知识。

二、文化信息传播

高校图书馆不仅是中华民族传统文化知识的聚集地，也是世界科学文化发展前沿的窗口。它肩负着传播先进文化，提高广大师生科学文化素质和牢固社会主义道德观念的职责，为社会全面进步和经济发展提供强大的精神动力和文化支持。

高校图书馆作为传播信息的媒介，不仅担负着信息及时、准确传播的责任，同时还是一个善于整合其他媒介的结合体，比如高校图书馆收录有重要影响力的书籍和报刊，包括报刊原件和文献信息，即使是在网络迅猛发展至严重威胁传统媒介的今天，数字图书馆的出现让高校图书馆在网络时代依然履行着其传播信息资源的义务。特别是随着计算机技术深入发展和互联网络的普及，信息呈几何级数激增，高校图书馆具有从海量信息中筛选出有用资源的专业优势，与时俱进，利用信息网络技术，将收集、整理、归纳、查阅文献资料实现电子化、网络化、数字化，突破了传统的空间的限制，它不仅是广大师生读者的信息通道和知识宝库，而且掌握着各学科的新动态和社会发展的新趋势。因此，与其他更专注于传播数量而忽视信息质量的文化媒介来说，高校图书馆对于信息的选择具有敏锐的洞察力，在信息的有效传播中最能占得先机。高校图书馆在文化传播中蕴含着明确、科学的价值观念、行为模式，对社会科学文化的深入发展起到了积极的引导和促进作用。

高校图书馆将科学文化、思想理念等传递给广大读者，不仅是对人类知识文化的传播，更多的是一种人文、创新精神的传递和弘扬，是人类精神文明进步的重要途径。

三、文化历史传承

图书馆对文献的贮存和积累，使大量文史资料得以保存，并通过广泛的传播，使人类的知识和文化、精神得以绵延不断、代代传承。因此，在继承和发扬中华民族传统文化过程中，图书馆起着重要作用。

我国历史文化典籍资源十分丰富，这些灿烂的文化遗产都是不可再生的珍贵资源，是我们中华民族五千年的智慧结晶，是维护民族团结、社会稳定和国家统一的重要文化基础。高校图书馆文化的传承功能不仅仅体现在传承古籍文化中，而且高校图书馆文化对读者具有潜移默化的辐射、渗透、引导和影响的作用，是社会先进文化传承的重要载体，能够帮助广大民众抵制拜金主义、享乐主义、个人主义等落后思想的侵蚀，将社会主义和谐精神传承下去，为经济发展和社会全面进步提供强大的精神动力。

高校图书馆作为收集、整理、加工知识文化的重要机构，在继承我国优秀历史文化中起着积极的作用。高校图书馆拥有高素质的员工队伍，能够对散存、破损的历史古籍进行修复和保护；同时高校还会承办相关课题研究，对历史古籍文化进行深入研究，将中国几千年的文化留给我们的后世子孙；高校图书馆还会购买大量的电子图书，减少对纸质古籍的翻阅，这样也能间接保护古籍珍本不受破坏，高校图书馆将这些古籍文献进行电子化处理，让读者可以在线阅读，更扩大了中国古典文化的影响范围。

高校图书馆肩负着保存人类创造的文化遗产和文明成果的使命和责任，为人类智慧和文明的传承开辟了永久的通道，使历史文化宝贵财富的代代相传成为可能。

四、文化人才培育

高校图书馆对丰富大学生知识体系、开启智慧、培养思想品德有着非常重要的作用。

高校图书馆在文化人才培育方面的教育方式大致有以下几种：对读者进行正确的人生教育、文化传统教育和爱国主义的教育，普遍地提高大学生的精神文明水平；对读者进行课堂补充教育，以图书馆的各种文献资料为基础，以学生自学为主，加深理解并扩充所学的课堂知识，实际上这是课堂活动的延续和深化，亦即图书馆是大学"第二课堂"的作用；对读者进行美学教育，即通过文艺作品的阅读与欣赏，对提高读者的文学水平与艺术素养发挥作用；同时，图书馆员在读者工作中，良好的职业道德和言行规范也能达到培养人、教育人的目的。现代化的高校图书馆不仅利用丰富的馆藏资源，进行导读服务，给大学生推荐必读书目，举办有关阅读的讲座，开展多种多样的读书活动和文化活动，鼓励学生多读书、读好书，从而达到改变大学生的阅读倾向，改变知识结构，提高人文素质，淡化读书的功利性。也利用优美的环境文化吸引大学生，充分利用这种良好的文化环境对读者进行无声的教育，使大学生思想观念得到熏陶感染。

由此可见，高校图书馆拥有海量的藏书，宁静的学习环境，有利于激发学生的学习欲望，进而形成自主学习的内驱力。同时图书馆是不同于传统课堂的另外一种教学模式，学生在这里可以自主选择学习，使学生更容易产生价值认同感，这种潜移默化的影响更有利于培养学生的综合素质。尤其是在当前思想意识多元化发展的今天，高校图书馆成了学生更愿意去的地方之一，因为在这里，学生能更多、更快地接触到科学、文化、思想的最前沿。因此，高校图书馆具有文化人才培育价值，为高校向社会输送优秀人才起到了重要的作用。

第二节　高校图书馆的文化体系建设

一、高校图书馆的精神文化塑造与建设

"新时期高校图书馆面临着发展环境的巨大变化，服务技术与服务手段的创新在图书馆的研究工作中占据了主要地位，但高校图书馆的进馆率低和纸本图书借阅率减少的局面仍然存在。"[①] 通过加强精神文化建设来增强图书馆的健康活力和竞争力成为迫切需要。

---

① 李玲.论新时期高校图书馆精神文化建设[J].办公室业务，2017（19）：165+167.

（一）高校图书馆价值观塑造

价值观是高校图书馆及全体员工共同拥有的指导高校图书馆工作的群体意识，在高校图书馆文化体系中处于核心地位，对于增强高校图书馆的凝聚力和竞争力至关重要，是高校图书馆活动的行动准则和指导思想。价值观念在精神文化导引人类文化心理机制中起核心作用，也正因为如此，所以当社会变革带来社会价值观念的嬗变时，所引起的社会和心理震荡也是巨大的，价值体系在社会文化中的核心地位主要表现在它为社会行为导向的作用。

1. 确立科学的价值观

任何高校图书馆无论是处在创业阶段，还是处在发展阶段或成熟阶段，都存在一个确定、调整价值观的问题。高校图书馆要根据它的性质、类型、社会职能、服务宗旨、奋斗目标等，确立科学、正确、与时俱进的价值观。高校图书馆价值观的确定既要考虑其存在基础和客观依据，又要考虑员工的心理承受能力，保持适度的超前性。不同高校图书馆的价值观可能不尽相同，但必须以高校图书馆核心价值观为基础。

2. 对价值观进行倡导与宣传

在高校图书馆中，可以根据员工对价值观的态度将他们分为四种类型：遵守所有高校图书馆价值观的，是忠诚度最高的员工；只遵守高校图书馆核心价值观，而拒绝遵守那些不适合自己的非核心价值观的，是具有较强创新意识的员工；只接受非核心价值观，却不遵守核心价值观的，是"颠覆性的叛逆"状态的员工；而对价值观都排斥的人，是完全与高校图书馆处于对抗状态的员工。对这四种员工高校图书馆应采用不同的价值观渗透的方法，对忠诚度高的员工，高校图书馆价值观已经作为一种稳定因素对其行为起指导和控制作用，因此要树立他们为高校图书馆的榜样，号召全馆人员学习他们对价值观的态度。对创新意识强的员工，要想让他们从心理上接受、认同并内化那些非核心价值观，绝不能采用简单的灌输法，只能通过领导层不断地宣传，充分发挥高校图书馆忠诚员工的示范和表率作用，让他们热爱高校图书馆事业，这样在保持了他们的创新意识的同时，也让他们接受了高校图书馆的一些非核心价值观，他们会成为新时代高校图书馆文化建设的新生力量；高校图书馆的那些"颠覆性的叛逆"状态的员工，他们不接受高校图书馆的核心价值观，是因为对高校图书馆事业没信心，因此应该通过宣传高校图书馆事业的成就导引他们的价值取向，使他们热爱高校图书馆事业，从而愿意接受高校图书馆的核心价值观；而对于与高校图书馆完全对立的员工，要通过具体的、生动的活动来强化他们的价值观，高校图书馆可以组织丰富多彩的文体活动来宣扬高校图书馆价值观，在轻松的活动中来加深他们对高校图书馆价值观的认识、理解和印象。

（二）高校图书馆精神的培育

高校图书馆精神是高校图书馆文化的灵魂和支柱，高校图书馆精神能将高校图书馆各方面的力量集中到高校图书馆的发展目标上来，有利于增强高校图书馆员工的凝聚力和向心力。

高校图书馆精神一般要经历三个阶段，即高校图书馆精神的确认阶段、倡导阶段和深化阶段。

确认阶段的任务是明确它的名称、内涵及其外延。对一个高校图书馆精神的确认，应在馆领导倡导下，采用上下结合、反复筛选概括的办法，经过反复征求意见，用简洁、感染力强、催人奋进的文字把高校图书馆精神表达出来。

倡导阶段的任务是广泛宣传高校图书馆精神，使员工在思想上了解它、认识它，在行动上实践它。高校图书馆精神取决于高校图书馆价值观，是高校图书馆价值观的个性张扬，能够把抽象的价值观诠释、演绎为一种具体的信念，对增强高校图书馆的向心力和凝聚力，将高校图书馆各方面的力量集中到中心工作目标上来，起到重要的引导和激励作用。高校图书馆精神能够规范高校图书馆人员的具体行为，使其在实际的服务工作中达成共识，提高为读者服务的效果和效率。这种导向和规范作用，既通过规章制度、工作标准和工作目标等硬性管理手段加以实现，也通过群体氛围、传统习惯和舆论引导来实现。因此，高校图书馆要利用各种形式、各种活动来宣传、推广、倡导高校图书馆精神，通过领导示范和树立典型来鼓动、导向员工实践高校图书馆精神。

深化阶段的任务是将高校图书馆精神人格化、具体化，并转化为员工的个体意识。高校图书馆精神的导向和规范作用在制约人的行为时具有深厚的感情色彩，对符合高校图书馆精神的好的行为，人们表示支持和赞扬，而对那些违背高校图书馆精神的劣行则表示反对和厌恶。高校图书馆担负着信息服务和信息资源建设的任务，这项任务完成得好与坏在很大程度上取决于馆内是否具有齐心协力、上下团结一致的精神，而这种精神类似于一种理性的黏合剂，它把馆内员工固定在同一信念目标上，沟通所有工作人员的思想，创造一个共同协作的氛围，把馆内各种力量汇聚到一个共同的方向，使高校图书馆整体产生强大的前进动力，最终使高校图书馆精神得以弘扬。因此在这一阶段，弘扬和实践高校图书馆精神将不再是员工的被动、应付行为，而是员工的主动、自觉行为。

（三）高校图书馆道德建设

高校图书馆要实现工作人员的行为和馆内所倡导的价值观和高校图书馆精神的统一，必须坚持道德高标准，即崇尚高尚道德。只有通过高校图书馆的道德建设，才能使高校图书馆制定的行为规范和规则，标准化为馆内工作人员的自觉行为，从而变成工作人员的无意识或潜意识行为，高校图书馆的价值观才能得以贯彻，高校图书馆精神才能得以弘扬。

高校图书馆道德中最重要的组成部分就是高校图书馆职业道德，很多研究者把高校图书馆道德等同于高校图书馆职业道德。高校图书馆职业道德是指高校图书馆、职工、读者以及周围社会环境之间相互关系的各种行为准则和规范的总和，包括职业责任、职业使命、职业良心、职业纪律、职业行为、职业荣誉等，它是围绕高校图书馆开展业务的全过程而生成、发展起来的，通过舆论和教育等方式影响高校图书馆员工的心理和意识，不带有强制性，且不以成文的形式出现，使高校图书馆员工形成信念等，使之成为约束高校图书馆及其员工行为的原则和规范。它是高校图书馆规章制度的有效补充，与制度相辅相成，共同实现高校图书馆文化的约束功能。

高校图书馆员工的职业道德状况、职业道德修养程度，直接关系到高校图书馆员工为社会服务的质量和水平。在长期的实践中，高校图书馆总结出职业道德的具体内涵包括：对文献爱护备至，积极利用；对读者满腔热忱，千方百计；对同事严于律己，顾全大局；对外部精诚合作，公平竞争等。很多高校图书馆为了使这些职业道德成为每个成员的一种自觉和一种本能，采取了许多有力的措施。比如管理者通过各种方法反复强调和宣传，将服务用语、服务礼仪编成"馆操"，使每个成员将道德准则化为一种自觉行为等。高校图书馆成员只有自觉地履行高校图书馆规定的准则和规范，其行为和高校图书馆价值观念才会真正统一起来。

二、高校图书馆的管理文化建设

"高校图书馆管理文化建设是基础性和前瞻性的工作，有助于图书馆增强凝聚力和提升战斗力，推进图书馆各项工作顺利发展。"①

高校图书馆文化的功能影响和作用于高校图书馆管理是全面的、深刻的，而影响和作用的对象首先是人，即会影响高校图书馆人对高校图书馆的发展战略的确定，对高校图书馆使命和高校图书馆目标的理解。因此高校图书馆管理文化建设应从以下方面着手：

（一）高校图书馆发展战略的制定与实施

高校图书馆发展战略是关于高校图书馆长远发展的纲领，是高校图书馆基于自身状况和对未来环境变化的分析而制定的有长远目标的对策。其目的是创造高校图书馆的未来。高校图书馆发展战略研究的核心内容是高校图书馆存在的目的、基本使命以及主要目标等根本性问题。而这些也正是高校图书馆文化研究的核心内容，在新世纪信息化社会中适应良好的高校图书馆都首先处理好了高校图书馆文化与高校图书馆发展战略的关系。一方面，高校图书馆发展战略的选择必须以现有的高校图书馆文化为基础，高校图书馆文化从宏观的角度描述了高校图书馆员有什么样的价值观，高校图书馆员的社会责任是什么，组织的行为规范是什么，对员工、对读者、对社会的基本态度是什么等，这些为高校图书馆制定发展战略和实施战略，提供了思想方法和行为方法。另一方面，高校图书馆文化需要以高校图书馆发展战略为指导：根据高校图书馆发展战略的要求，树立高校图书馆精

---

① 刁长河. 浅谈加强高校图书馆管理文化建设 [J]. 东方企业文化，2012（24）：252.

神或重塑、调整与健全高校图书馆精神，确立新观念、新意识，调整高校图书馆的价值观体系，继而影响高校图书馆文化中的行为文化。

1.高校图书馆文化建设的重要作用

在高校图书馆发展战略实施过程中，高校图书馆文化建设起着重要的作用。它既可以成为发展战略的推动因素，又可以对发展战略的执行起负面的抵触作用。

首先，高校图书馆文化建设为高校图书馆发展战略提供成功的动力。高校图书馆文化表现为高校图书馆成员共同的价值观，容易形成高校图书馆人的共同愿景，高校图书馆人的共同愿景就是高校图书馆的发展战略。有了共同愿景，高校图书馆人就有了奋斗目标，为了共同的目标，大家团结一致，形成一个凝聚力很强的团队，为高校图书馆在信息化社会的立足奠定了人的基础，提供了发展的原动力。

其次，高校图书馆文化建设是高校图书馆发展战略实施的关键。高校图书馆文化具有激励功能，能激发员工的工作热情，统一全体馆员的思想意识，从而使发展战略得到有效地贯彻和执行。高校图书馆管理中最重要的是对人的管理，这是传统高校图书馆向现代高校图书馆过渡的主要标志——从"书文化"转化为"以人为本"的文化。发展战略实施的过程客观要求一个高效的人力资源管理。而现代高校图书馆"以人为本"的高校图书馆文化给予了员工一个共同的价值观，使员工之间易于形成协同工作的内在动力，从而有助于整个高校图书馆发展战略的贯彻与实施。

再次，高校图书馆文化建设会适应和协调高校图书馆发展战略。高校图书馆文化和高校图书馆发展战略有共同关注和研究的内容，因此高校图书馆新的发展战略要求原有高校图书馆文化的配合与协调。但是由于高校图书馆组织中的原有文化具有相对的滞后性，很难马上对高校图书馆新发展战略做出积极的反应。因此，高校图书馆内部的新旧文化必须相互协调，相互适应，为高校图书馆发展战略获得成功提供保证。高校图书馆在实施新的适应时代发展的战略时，可以根据管理和服务的需要，建立独特的部门文化，使服务具有一定的自主性和灵活性。

2.确立高校图书馆使命

高校图书馆文化建设对高校图书馆发展战略的影响，突出在高校图书馆使命和高校图书馆目标上，正确地界定高校图书馆所承担的使命和确定高校图书馆的发展战略，是处理好高校图书馆文化建设与高校图书馆发展战略的重点和关键。使命有时又称为任务陈述、纲领陈述、目的陈述、宗旨陈述、信念陈述、远景陈述等，尽管提法不同，但都是表明组织存在的理由，回答"组织的业务是什么"这一关键问题。高校图书馆使命是一个高校图书馆区别于其他类似高校图书馆的长期适用的对高校图书馆目标的叙述，揭示高校图书馆要想成为什么样的组织和要服务于哪些用户，提供何种服务这样的愿景内容。传统的高校图书馆使命往往是以辅助特权阶层、保存文献、支持学术研究等为主。自 19 世纪中叶图书馆事业在英国兴起之后，高校图书馆进入现代化阶段，高校图书馆使命开始充满现代的气息。

每个组织客观上都应该有一个特别的不同于其他组织的存在理由。清楚表达出这种特别的理由，对于组织战略管理过程来说至关重要，它能为组织资源分配提供基础与准则，从而对组织内部各种目标的相互冲突起到一定的缓解与协调作用，能为组织内部成员了解组织目标与方向提供机会，从而有助于在组织内部树立起团结奋发精神，将组织的业务宗旨转化为具体的行动目标，将战略任务落实到每一位员工。

高校图书馆使命定义可以帮助明确高校图书馆发展方向和核心业务，弄清高校图书馆目前是一个什么性质的组织，将来希望成为一个怎样的组织，以及如何才能体现出不同于其他组织的显著特征，从而为高校图书馆资源配置、目标开发以及其他服务活动的管理提供依据，以保证整个高校图书馆在重大战略决策上做到思想统一、步调一致，充分发挥各方面力量的协同作用。提高高校图书馆整体的运行效率。从另一方面讲，高校图书馆的使命就是高校图书馆这个社会分工所承担的历史责任和义务，是与高校图书馆职业意识同时产生的，因为如果意识到高校图书馆是一种职业，那么我们肯定会很清楚地意识到高校图书馆是促进人类知识交流和利用的社会分工部门。定义高校图书馆使命就是阐明高校图书馆的根本性质与存在的目的或理由说明高校图书馆的性质和服务策略，为高校图书馆目标的确立与发展战略的制定提供依据。

高校图书馆使命主要是通过高校图书馆哲学的形式来明确方向、树立形象、提供激励、指导高校图书馆运行的，这意味着，一个有效的高校图书馆使命表达必须做到在语义上的足够清楚准确，能为整个组织及社会所广泛理解和接受，有助于激发整个组织中员工的积极进取精神，创造充满活力的高校图书馆文化氛围，使人觉得在这样的高校图书馆环境中工作，吸取知识，一定能够获得成功，并愿意行动起来，为实现高校图书馆的目标而努力奋斗。

高校图书馆使命的确立是建立在高校图书馆战略管理者对于内外部环境未来发展趋势进行前瞻性分析的基础之上的，这必然会受到高校图书馆战略管理者个人主观价值判断的影响，高校图书馆战略管理者会考虑到各个相关者的利益——不同类塑的读者与潜读者，不同层次的员工等，可能会对高校图书馆的发展方向和核心业务抱有不同的期望和看法，例如，对高层次的研究型读者，高校图书馆首先承担的是科学使命，而大众读者，战略管理者首先会保障其民主权利，而对于馆内各个工作人员来说，他们关心的是他们是否受到人文关怀，他们的工作能不能得到领导和读者的认可等。这样他们就有可能会在高校图书馆使命与目标的认识上产生意见分歧与矛盾冲突。

由于高校图书馆利益相关者所追求的目标之间存在着矛盾冲突，使得高校图书馆战略决策者不可能做到对每一个利益相关者所提出要求和所关心的问题，都给予同样的重视。此外，高校图书馆本身业务内容的复杂性，也使得高校图书馆使命的表述变得复杂。一个良好的使命表述应能说明高校图书馆致力于满足这些不同利益相关者需要的相对关心和努力程度，注意协调好这些相互矛盾冲突目标之间的关系，对各种各样利益相关者之间所存在的矛盾目标起到调和作用。

高校图书馆在定义使命时必然要涉及社会责任，一个组织的存在必定有其社会责任，否则就没有存在的意义。简要地说，现代高校图书馆的使命可以大致分为三类：科学使命、人文使命和民主使命。其具体内容包括以下几方面：

（1）科学使命。高校图书馆所承担的科学使命是科学发展轨迹中高校图书馆应该发挥的作用及其所处地位，包括现代高校图书馆继承传统高校图书馆保存文献和科学知识的使命，支持现代科学技术研究、学术信息资源交流、实施终身教育等方面。

（2）人文使命。人文主义的永恒价值观是自由、平等、人权。高校图书馆所承担的人文使命也就是，要保证任何人在任何时候都有权利在人类共同的知识海洋中自由遨游。具体说来，首先高校图书馆首先保证所有的读者，尤其是社会弱势群体能够阅读高校图书馆的馆藏文献；其次高校图书馆有义务和责任推动公平信息社会和知识社会的建立和维护。

（3）民主使命。这个使命在西方高校图书馆中体现得尤其明显。该使命是在自由主义影响下高校图书馆承担的新的历史责任。这种使命要求高校图书馆在业务中采用便于读者选择的开架阅览方式，而且要坚决不进行任何形式的文献审查。高校图书馆理应成为协助人类民主进程的重要推进器。

公共图书馆、高校图书馆和研究机构图书馆等所承担的使命是有区别的。公共图书馆更多地承担人文使命和民主使命，推动公平信息社会的形成，保存人类的任何知识记录；而高校图书馆和研究机构图书馆则更多地承担科学使命，即通过提供学术文献资源和支持学术研究活动，来促进高校、国家科学研究水平和创新水平的提高。

3.确立高校图书馆目标

高校图书馆目标是高校图书馆在一定时期内，依据高校图书馆使命，考虑到高校图书馆的内外环境和可能，沿其发展方向所要预期达到的理想成果，即高校图书馆的共同愿景。高校图书馆使命从总体上描述了高校图书馆的发展方向和服务范围，为指导高校图书馆开展各项业务活动提供了一个共同的主线。高校图书馆目标进一步对高校图书馆使命起具体化和明确化的作用。将抽象的概念分解成可实现的行动目标，战略目标提供战略方案选择的依据。高校图书馆发展战略最终是达成高校图书馆战略目标而进行的规划。高校图书馆目标是高校图书馆管理活动的出发点和归宿点。因此，它在管理中占有重要地位，能够发挥重要作用。高校图书馆目标除了能引领高校图书馆发展战略外，还具有以下作用：

（1）导向作用。能够为管理工作指明方向。由于管理是为了达到一定的目标而协调集体活动所做出的努力过程，如果不为达到一定的目标，就无需进行管理。目标不但规定预期结果，而且规定要想达到这一预期结果的措施，因此在管理中目标既对人们总的努力方向起导向作用，又对人们的具体管理活动起明确方向的作用。

（2）激励作用。目标对于高校图书馆员工具有激励作用。每个人都有成就感的需要，希望不断获得成功，而成功的标志就是达到预期的目标。目标的激励作用主要表现在三个方面。首先，在目标确定后，由于它能使人明确方向，看到前，因而能起到鼓舞人心、振奋精神、激发斗志的作用；其次，在目标执行过程中，由于目标的制定都要有一定的超前性和挑战性，在实际工作中必须通过一定的努力才能达到，因而有利于激发人们潜在的积极性和创造性；再次，在目标实现以后，由于人们的愿望和追求得到了实现，同时也看到了自己的预期结果和工作成绩，因而在心理上会产生一种成就感和满足感，这样就会激励人们以更大的热情和信心去承担新的任务，达到新的目标。要使高校图书馆目标对员工具有激励作用，目标首先要符合高校图书馆员工的需要，还要具有超前性和挑战性。

（3）凝聚作用。高校图书馆是一个社会文化系统，依靠目标使全体成员团结起来的，高校图书馆的凝聚力受到多种因素的影响，其中一个主要因素就是高校图书馆目标。高校图书馆活动是一种共同的社会劳动。共同劳动就必然要有共同的目标，否则人们就难以形成共同协作的意愿和团结奋斗的集体。特别是在高校图书馆目标充分体现或变成高校图书馆成员的共同利益和共同追求时，就能大大地激发全体成员的工作热情、献身精神和创造力。

（4）评价作用。即为高校图书馆活动提供考核标准。目标不仅是各项管理工作的依据，而且也是评价各项管理工作成绩大小、质量高低的尺度。由于目标本身是可以考核的，而且目标又是可以分解的，因此可据此对主管人员和员工的目标完成情况进行考核。高校图书馆目标是高校图书馆观念形态的文化，具有对高校图书馆的全部管理活动和各种服务行为的导向作用。每一个高校图书馆为了自己存在的目的和所要完成的任务，都会制定相应的目标，确定高校图书馆的使命和宗旨，激发员工动力，集中意志向目标前进。

高校图书馆的实践活动，必须先在其制定的目标要求下实施驱动，比如高校图书馆的形象战略就是一种高校图书馆目标战略，是高校图书馆哲学和价值观的集中体现，可以使高校图书馆随条件和环境的变化而变化，合理调整高校图书馆的整体目标，统筹高校图书馆的运作与服务，使高校图书馆在信息化社会立于不败之地。因追求的目的不同，高校图书馆目标有各种类型。按内容划分，可分为总目标、分目标；按时间划分，可分为长期目标、中期目标和短期目标；按范围划分，有个人目标、部门目标和高校图书馆整体目标等。高校图书馆目标反映着高校图书馆从现在开始到未来某个时间点的大致战略走向和主要预期成效，给人以鼓舞和信心。管理者一旦把高校图书馆目标传达给高校图书馆员工，便成了高校图书馆人共同的目标，促使高校图书馆人相互配合、形成人际关系的向心力。确定高校图书馆目标必须要从总体上体现高校图书馆的经营战略和服务内容，要有一定的超前性和竞争性，要处理好社会效益和高校图书馆效益的关系。考虑到高校图书馆目标的复杂性、动态性、现实性和可实现性来制定和贯彻高校图书馆目标，争取高校图书馆目标达到最优。

4.高校图书馆发展战略的实施

一旦建立起高校图书馆的正确使命，确定了高校图书馆的短期、中期和长期目标，高校图书馆的发展战略也就得以确立，高校图书馆文化建设的最终目标，是实施这些高瞻远瞩发展战略。以读者为导向的高校图书馆战略管理成功的关键在于如何发挥组织变革从而取得成功，这取决于是否具有主动变革能力的高校图书馆组织，也取决于高校图书馆馆员能否在高校图书馆事业的前景问题上达成一致，最好的方式就是规划共同愿景。

高校图书馆的共同愿景是告诉高校图书馆的每一名馆员，"高校图书馆将成为什么"的前景。它与战略目标相似，却又不同于战略目标。对于高校图书馆成员来说，战略目标是全局的、长远性的。高校图书馆的发展战略是以高校图书馆全局为对象，根据高校图书馆总体发展的需要而制定的，它规定的是高校图书馆的总体行为，所追求的是高校图书馆的总体效果，而且是高校图书馆谋求长远发展，对未来较长时间内如何生存和发展的通盘筹划。而共同愿景明确告诉成员什么时间能达成什么具体目标。

所有高校图书馆都有自己的发展战略，这些发展战略有非正式的、不成形的或是随机的，也有正式的。高校图书馆的共同愿景，如其定义所指，是令所有成员所期望的、能让大家主动接收并为之奋斗的可以达成的战略目标。共同愿景是高校图书馆的灵魂和动力之源。员工认同高校图书馆的愿景，并将其与自身的人生规划合理地结合起来，这是高校图书馆文化建设的内在要求之一，也是员工关系管理的起点。没有共同的愿景，缺乏共同的信念，就没有内在的动力；不与人生规划合理地结合起来，个人就会缺乏奋斗的目标和现实动力。通过确立共同的愿景，牵引成员通过组织目标的实现，进而实现个体的目标，这是一个群体利益和个人目标实现双赢的过程。认同高校图书馆共同愿景的核心是认同高校图书馆的价值观。共同的价值观能够保障员工在行动中的一致性，并根据好恶做出有利的选择，是保障群体的凝聚性、向心力的基础。

（二）高校图书馆管理模式的创新

加强高校图书馆管理，以管理促发展，以管理出效益，以管理出水平，是高校图书馆在信息化时代的内在需求，更是高校图书馆文化被重视和提出的新使命。进入21世纪，各国都陆续进入了信息化社会和知识经济时代，信息化社会最主要的标志就是知识管理在各行各业的应用，而知识经济时代，国家之间的竞争不再依赖土地、资源、人口、财富等因素，知识的产生、传播、积累、运用和创新将成为最有力的竞争因素。

对高校图书馆来说，任何一个管理思想、管理方法和管理模式的形成，高校图书馆文化都起着主导作用。因为是高校图书馆的核心价值观决定了高校图书馆愿不愿意改进现有的管理方式，要不要实行管理创新；愿不愿意采用改善管理效率的新技术和新手段；愿不愿意在管理中实行"以人为本"，重视人才；愿不愿意加强高校图书馆基础管理工作，塑造良好的高校图书馆形象等。高校图书馆目前的管理模式在体制上都是有些僵化的，高校图书馆文化建设就是要打破高校图书馆管理模式上的僵化，在管理模式上，高校图书馆界做了以下实践：

1. 高校图书馆管理上的改革创新

管理上的改革创新对一个高校图书馆来说尤为重要，它不仅为高校图书馆服务和技术创新提供良好的运行机制和生存环境，还能有效地规范高校图书馆的各种制度和标准，为高校图书馆发展创造良好的内部环境。把韦尔奇的管理模式与高校图书馆管理结合起来，并深入到高校图书馆管理实践中，对高校图书馆管理实行改革创新，是新世纪高校图书馆管理的一个新思路。

作为服务业的高校图书馆，虽然不同于企业，但它在很大程度上依赖于人的能动性、服务过程与服务质量。在信息技术飞速发展的当今社会，要有效地把握高校图书馆的服务质量和工作效率，使它充满活力。随着全球各国的信息化社会进程，我国也不可避免地步入信息化社会。在信息化社会，高校图书馆面临着空前的竞争：首先，依赖计算机网络诞生的各种信息咨询公司、网络内容提供商等使信息市场的竞争格局发生了变化，不仅模糊了行业概念，还极大地削弱了高校图书馆的竞争力；其次，网络信息借助电子通信技术，一方面提高了传播速度，另一方面也强化了网络信息的流动性，这在一定程度上不仅缩小了信息资源的差异性，还掩盖了高校图书馆原有的资源优势。开放性、分布式的网络环境所吸纳的用户群体也是多样的，而用户需求也随之发生变化，逐渐体现出个性化和多元性的特征，这对高校图书馆来说既是机遇也是挑战。因此，高校图书馆应充分利用计算机网络优势，在发展中渗透全球化思维，不论是管理模式还是馆内服务等运作机制都应与国际接轨，这是我国高校图书馆势在必行的举措，也是实现国际资源共享、适应多变竞争格局的必由之路。通过自主变革以应对多变且不稳定的市场竞争，顺应全球一体化的发展趋势，借助网络技术实现图书馆资源共享，以满足用户多样化的需求，提高自身的市场竞争力。

2. 高校图书馆的知识管理创新

知识经济时代来临之后，社会越来越注重知识管理。知识管理是一种全新的管理形式，它也是人类在管理方面做出的伟大探索，是信息化时代、知识经济时代带来的产物。知识管理是在知识类型的企业实践当中诞生，并且已经经过了实践的检验。知识管理在越来越多的企业当中应用，图书馆储存了大量的知识，在管理方面完全可以借助于知识管理的方式对当前的工作做出调整。"图书馆知识管理作为新兴的、先进的图书馆管理理念，已经逐渐渗透到我国图书馆的管理活动中，对图书馆管理的创新有非常大的影响。不仅能为读者和图书管理人员带来便利，而且能充分发挥知识的价值。"①

　　高校图书馆是储存知识的地方，更应当实行知识管理。知识管理的实行可以使高校图书馆认识到知识才是管理的核心。知识管理就是在高校图书馆的管理工作中渗透知识管理的理念，将管理内容由承载知识的物质材料转变为知识本身。对图书馆来说，其必须要认识到物质材料只是知识的附着物，通过开发文献中的知识价值，将其转化为社会效益不仅是高校图书馆管理的基本任务，同时也是知识管理理念的核心。对图书馆来说，要进行知识管理就必须要加强知识积累和知识更新，在挖掘内在的智力资源和智力要素的基础上提高图书馆的竞争力。

　　打造以知识管理为核心的高校图书馆，就必须转变传统的文化观念，这是高校图书馆管理的一种新方式。通过更新价值观念、强化行为准则规范和道德意识，以构建良好的文化氛围，在提升全体馆员责任感和荣誉感的同时推进高校图书馆的文化建设，进而借助文化的辐射和传递作用提高馆员的创新意识和创新能力，强化馆员的团队精神，增强高校图书馆的凝聚力。

（三）高校图书馆组织结构的重新设计

　　高校图书馆组织属于高校图书馆管理的内容。高校图书馆现有的组织体系中存在着许多不利于发展、不适应信息时代的弊端，最主要的就是不同系统的高校图书馆条块分割各自为政，导致系统间的资源共享缺乏实现机制。

　　为更好地发挥高校图书馆组织载体的功能，进行组织设计是必要的。

---

①　侯刚健.浅谈知识管理在图书馆管理中的应用[J].开封文化艺术职业学院学报，2020，40（11）：239-240.

组织设计是对组织活动和组织结构的设计过程，是把任务、权力和责任进行有效组合和协调的活动。组织设计的基本功能是协调组织中人员与任务之间的关系，使组织保持灵活性和适应性，从而最有效地实现组织目标。组织设计的结果不仅要形成一整套组织结构，还要建立一整套与之相适应的员工考核、评奖、选拔和发展的制度。组织设计应当与组织的战略目标或组织使命或发展愿景及组织中的人员相适应。因此组织设计要适应组织的工作任务和组织环境。不断变化的环境要求组织在结构方面保持更大的弹性，以适应环境的变化。

现在很多高校图书馆都在对高校图书馆组织结构进行重新设计，试行灵活的组织结构，对单个高校图书馆来说，很多高校图书馆开始试行业务流程重组和信息集群式服务模式。

1.高校图书馆业务流程重组

高校图书馆业务流程重组是以读者需求为起点到创造出对读者有价值的服务为终点的一系列活动，由一系列工作环节组成。业务流程重组有三条基本的指导思想。

（1）以读者为中心，以读者价值流为导向进行流程设计。高校图书馆服务的最终目标是实现特定的社会效益，因此业务流程重组必须优先考虑社会、读者需求。业务流程重组要求把高校图书馆工作重点放在最大限度地满足读者的信息、知识需求上，坚持以读者为导向，按价值递增过程将相关的操作环节进行重新组合，组成高效率的、适应读者需要的完整业务流程，并以此为基础重新设计高校图书馆的组织结构，为读者提供有较高价值的信息。

（2）以馆员为重点，通过渗透"合工"理念以重新整合业务流程。在传统的高校图书馆业务流程中，一本书从入馆开始要经历十几道工序还能与读者见面，而这十几道工序是由不同部门来完成的，这在一定程度上降低了工作效率。同时，在传统的文献管理模式下，按类型划分的形式使得同一读者的服务被分割，缺乏与读者的即时沟通，一方面固定的资源配置和运行结构难以满足用户的动态需求，另一方面也极大地影响了高校图书馆的服务质量。迈克尔·哈默和詹姆斯·钱皮为弥补分工原则所导致的不良后果，提出了"合工"的理念，这一思想的主旨是将业务流程作为整体，通过重新整合，以将原本分割的、独立操作的业务流程融合在一起，进而提高图书馆的管理效率，提升高校图书馆的社会效益。在高校图书馆中渗透"合工"思想，以读者为导向进行流程的重组和改造，形成以团队小组为主的管理体系。从本质上讲，"合工"理论形成的是一种扁平化的组织结构，这种新模式对图书馆的管理人员提出了较高的要求，在推动馆员不断学习、不断进取的基础上培养其服务理念和敬业精神。"合工"理念的渗透一方面需要全体馆员具备丰富的知识储备，另一方面要求小组成员必须具备复合型人才的素质，以全面推进高校图书馆建设，实现可持续发展的目标。

（3）以效率和效益为目标，设计业务流程。流程重组关注流程之间的关联性，减少交叉的工作环节，这必将推动高校图书馆服务效率和效益的提高。高校图书馆业务流程重组使高校图书馆具备了灵活的组织结构，更好地体现了不同高校图书馆文化的个性化特征。

2.高校图书馆信息集群建设

想要建设好高校图书馆文化，组织结构必须是合理的、适应时代发展需要的，高校图书馆联盟应该是一种不错的高校图书馆组织形式，但还是没有打破高校图书馆系统的界限，一般都是高校图书馆和公共高校图书馆本系统间的合作，如中国高等教育文献保障系统等，而处于同一地方的高校图书馆、公共高校图书馆和科研高校图书馆之间却沟通甚少，这在极大的程度上浪费了高校图书馆的资源，存在着信息资源重复建设和人力资源重复劳动的诸多不合理现象。因此有必要提出一种新的组织架构模式，来解决这一矛盾。信息集群的提出，为解决这一问题提供了一些思路。

高校图书馆信息集群是大量高校图书馆及信息机构所集中形成的信息群落。这种集群不仅有利于突显地域的信息资源服务优势，还能转变高校图书馆的组织结构，形成一种网络化、扁平化的高效管理模式，同时高校图书馆信息集群还实现了各图书馆之间关系的开放化、协调化，一方面能满足用户的个性化需求，另一方面还能充分发挥信息竞争优势，形成一种强劲的、新型的空间知识服务组织形式。从本质上讲，信息集群就是按照科学的方法和专业组成对信息资源进行序化分级，是一种类似生物有机体的信息群落，在集群内，不同系统的高校图书馆以一种纵横交错的网络关系联系在一起，不同系统之间既有分工又有合作，用户群体在信息集群内可通过虚拟服务平台获取信息服务，极大地提高了高校图书馆的服务效率和服务质量。

高校图书馆信息集群服务模式是一个具有资源共享、平台共建、知识共创的，以用户信息需求为中心的个性化高层次精确知识服务模式，它比高校图书馆联盟的理念更进了一步。高校图书馆联盟一般限于条块分割的各系统高校图书馆之间的联合和信息资源共建共享，这种做法因为高校图书馆类型相同，任务大致相同，各类型高校图书馆以自身利益为核心形成的一种集群分割的局面，这种按条块建立起的信息系统不仅是分割的、互不融合的，同时也难以实现真正意义上的资源共享。而信息集群通过整合不同系统、不同类型高校图书馆的优势资源，在构建共同联合体服务平台的基础上进行协同分工合作，一方面有利于挖掘信息资源新的内涵和价值，另一方面还能满足图书馆用户更高层次的信息需求。作为一种创新型的知识服务体系，信息集群模式有效的整合了组织内的信息资源、人力资源及技术资源等各种知识服务要素，不仅提升了高校图书馆信息资源的整体价值与效益，还实现了真正意义上的资源共享。此外，在信息集群中，以知识为中心所形成的网络和联系也是一种潜在的战略资源，通过开发、利用和共享构建一条多元化的、立体互补的信息需求价值链。

（四）高校图书馆人力资源建设

高校图书馆的文化建设与人力资源建设是密不可分的。作为一种管理理论，高校图书馆在进行文化建设时应以人的管理为中心，依据文化特点和规律，在提高人们综合素质的基础上提升图书馆的文化形象。同时作为一种管理方式，高校图书馆的文化建设也应体现出以人为本的思想，基于人的因素构建图书馆文化，挖掘人的潜能，一方面有利于提高图书馆的工作效率和竞争能力，另一方面也有利于提高图书馆的社会效益。

1.高校图书馆文化是人力资源开发的关键性因素

作为一个学术服务性机构，高校图书馆不仅要具备一定的物质资源，还要有人力的支撑，也就是说，高校图书馆是一个兼具物质资源和人力资源的服务性机构。首先，从物质层面来说，基础设施、现代技术设备、文献载体及环境等构成了读者服务的必备条件，是图书馆服务能力的基本体现；其次，物质资源的利用程度取决于人员素质的高低，因此，人是高校图书馆的核心，其作为调整和支配物质资源的主体，不仅彰显了高校图书馆的活力，还体现了高校图书馆最根本的力量，反映了高校图书馆的综合素质和实力。总之，人作为读者服务活动中最积极、最活跃的因素，不仅决定着物的质量和可利用程度，还影响着高校图书馆知识产品的组织和读者服务。因此说高校图书馆人力资源的开发是非常有必要的。从企业文化对人力资源开发的影响可以看出，不同的文化观可以导致不同的人力资源观，建立积极向上的高校图书馆文化理念，可以将高校图书馆事业推向成功的彼岸。

2.高校图书馆文化是人力资源开发的理论依据

人力资源的文化开发是基础，其作为影响其他资源开发的决定性因素，一方面受制于人自身文化素质的开发水平，另一方面还取决于人的体能、智能和技能的发挥，而这一切都依赖于人对组织文化的认同和理解程度。基于此，高校图书馆在进行文化建设时，强调以人为本，注重挖掘人力资源文化潜质，在探索人的思维和行为关系的基础上揭示人力资源的经济生活及社会生活的文化起点和价值归宿。同时高校图书馆文化还倾向于探索人的管理、服务、经营等一切社会行为的文化元素，从而为高校图书馆、信息社会乃至整个人类探索出一条张扬个性、发展人性，又能使高校图书馆的社会效益达到最好的文化途径。从这个意义上讲，高校图书馆文化是人力资源开发的基础理论。

高校图书馆文化作为人力资源开发的基本理论，主要体现在以下四个方面：人本基础论、群体和谐论、文化自觉论和价值主导论。这些理论贯穿于整个高校图书馆文化的研究体系中，其中人本基础论是人力资源开发的文化元典，即以人为本的文化管理理念。群体和谐论是人力资源开发的文化优势，即指高校图书馆团队精神的建设。文化自觉论是人力资源开发的文化优势，体现于文化的潜移默化功能之中。价值主导论是人力资源开发的文化核心，体现在价值观主导和支配高校图书馆文化的其他要素的核心地位上。

3. 高校图书馆文化是人力资源开发的内容

人们对人所拥有的创造社会财富的能力进行挖掘、发展和充分利用的过程就是人力资源开发，人力资源开发涉及到许多方面的内容。就文化研究者来说，他们更关心人力资源如何开发文化领域。具体来说，人力资源的文化开发以人的精神文化潜能拓展作为重点，真正实现了以人为本的理念，从以往的管理人转变成善待人、对人的能力进行挖掘、开发和培养，让人在精神文化和物质文化方面的需求得到最大的满足，推动人力资源开发走向个人价值和组织价值统一的高级层次。图书馆长期发展的目标和重要内容之一也是人力资源的文化开发，而且这种文化开发作为重要的意识形态文化之一，能集中体现出社会政治和经济的发展情况，又能积极推动社会政治和经济的发展。就整个人类社会文化系统来说，高校图书馆文化只是其中的一个组成部分，当同一个社会背景中的民族精神、社会文化和时代精神共同组合在一起凝聚在高校图书馆中，便是人们所说的高校图书馆文化。高校图书馆文化还包括高校图书馆精神和价值观。从高校图书馆文化衍生出的一系列精神财富，如价值准则、知识体系、思想观念、道德规范、行为方式、心理态势等，对高校图书馆的能力建设和长远发展产生重要的影响。所以，积极开发高校图书馆人力资源的文化作为一种积极、正向的文化管理方式，将对用户读者、高校图书馆和员工之间的关系产生一定作用的管理决策和管理行为囊括其中，也是文化管理的重要内容之一，所以说，高校图书馆文化是人力资源开发的重要组成部分。

4. 高校图书馆文化是人力资源开发的途径

高校图书馆文化强调高校图书馆员共同的信念、共同的价值观、共同的目标理想，高校图书馆共同愿景，共同的高校图书馆作风和高校图书馆形象等。高校图书馆文化是一个新概念，说它新，是因为它作为一个管理理念的新。文化存在于高校图书馆中上千年，潜移默化地影响了无数人，但是直到它在企业管理中发挥出其巨大的影响力之后才被高校图书馆界重视。从企业文化对企业管理的影响和作用，以及许多企业的文化管理成功经验中，高校图书馆可以找出在新的信息时代谋求新的发展道路，即高校图书馆要建立一个明确的高校图书馆文化，如一致的价值观、一致的理念，作为高校图书馆管理和员工行事的重要依据。高校图书馆文化之所以是人力资源开发的重要途径，是因为高校图书馆文化强调高校图书馆的个性特征，不同的高校图书馆有不同的个性，管理理念和方法也不能全部生搬硬套，但每个不同的高校图书馆个性特征中都有一个共同的管理理念，即"以人为本"的管理思想。高校图书馆文化强调对高校图书馆员工和用户的价值观、人生观和专业技能等的具体塑造。而且，还在目标上确立高校图书馆大的经营战略和服务方针，从改变人的观念入手，以各种途径和方法来调动人们的积极性和创造性。

5.高校图书馆文化使人力资源开发价值更高，效果更好

高校图书馆文化建设首先要加强人力资源建设。人文氛围浓厚的高校图书馆，离不开高素质的馆员。拥有一支高素质的高校图书馆队伍，是高校图书馆事业得以健康发展的关键。实践证明，凡是管理出色的组织，都有一个充满活力，很有凝聚力和战斗力的团队。高校图书馆应从可持续发展的角度，顺应知识经济时代的要求，营造和谐的文化氛围，追求人与自然和谐共进的目标。从生态文化的角度来看，高校图书馆应建立绿色人际关系，即人与人相互关心、和谐合作、协同进步的生态环境，造就用户自己把握自己的文化氛围。成功的高校图书馆的最大秘密就是"物质精神化"。只有灌输了高校图书馆精神，高校图书馆的一切才变得有了生气，成为积极的发展因素。因此，要利用高校图书馆文化建设构造良好的人际关系的

关键在于领导要做到以下几点：

第一，要对员工多问、多说、多教。多问员工存在什么困难，多向员工阐明自己的观点、要求，多对员工进行引导、教育、培训。

第二，要任人唯贤，不要任人唯亲。创造一个公平公正、合理竞争的氛围，让每个人都能发挥自己的能力和潜能。

第三，个人利益服从整体利益。要从高校图书馆生存和发展的大局入手，审时度势、多方探索，将整体利益置于个人利益之上，要注重人力资源建设，但当个人利益与整体利益产生冲突时，最终个人利益得服从整体利益。

第四，张扬个性，崇尚创新。由于高校图书馆本身的特殊性，使得高校图书馆员似乎是在机械地重复同样的工作，很少有创新意识，这严重压抑了高校图书馆员的个性和创造力，整体缺乏活跃的氛围。高校图书馆应当鼓励创新，根据自身所处的地理人文环境、历史发展、人员结构、发展目标的不同而形成自己独特的个性文化，保持旺盛的生命力和活力。

第五，重视读者。倡导读者第一、服务至上的办馆理念和行为规范已是高校图书馆人在实践工作中达成的共识。将读者第一、一切为了读者的理念真正深入到每一位馆员的心中，并作为他们的行动指南，不断优化和创新服务，把读者满意、读者信息需求的满足作为高校图书馆服务的出发点。

三、高校图书馆的服务文化建设

高校图书馆服务文化是指全体馆员在工作、学习、娱乐及为读者提供服务等过程中所产生的活动文化，如高校图书馆运营、教育宣传、人际关系活动、文娱体育活动等。它是高校图书馆运营作风、精神面貌、人际关系的动态体现，也是高校图书馆精神、高校图书馆价值观的折射。它是高校图书馆的显性文化，一个高校图书馆文化建设的好坏，第一印象就是高校图书馆的行为文化。高校图书馆的行为文化中，最显性的当属服务文化，高校图书馆服务是高校图书馆永恒的主题，建设好服务文化，就建设好了高校图书馆的行为文化。

（一）高校图书馆的服务行为

高校图书馆作为一种重要的文化或信息服务机构，具有较高的层次，是建设社会主义精神文明的重要方面之一，高校图书馆的整体形象集中体现在馆员的个体形象上，图书馆要与自身行业的特征相结合，利用多样化的形式培养和教育一线馆员，重点培养馆员的礼仪，对他们的职业行为进行规范，推动馆员思想道德素质和文化素养、整体素质的显著提升。首先要求馆员每天上班时保持着装的统一、和蔼的态度、整洁的仪容、规范的操作、亲切的话语、和善的目光、周到的热情、得体的言行举止对待用户读者，始终坚持原则。除此之外，还要与兄弟图书馆之间增强互动交流，定期自查自纠自身的服务态度和服务工作以及服务质量，对其中存在的问题进行改善，接受服务文化制定长远的目标和近期的计划，推动自身服务质量和服务能力的提升，让不同层次的读者的需求得到满足，

（二）高校图书馆的服务文化

人与人之间在文化方面的沟通便是服务，文化为服务的发展提供了源源不断的动力，在文化的支撑下，服务的品位、灵活性和内容将不断提升。一旦把服务转化成为员工内心层面的需求，便会激发出员工的创造性和积极性，实现常态化和规范化的服务，并且推动快乐服务和创新服务理念的实行。一旦确定了文化服务之后，就能让制度层面的服务整合成文化和观念上的服务，从而将服务文化的陶冶作用、推动作用和辐射作用充分发挥出来，推动服务品位和质量的提高。优质服务有利于净化、提升和陶冶员

工的素养和情操，为读者营造出愉悦、满足的氛围，推动高校图书馆朝着健康的方向持续发展。服务文化的发展必然少不了高校图书馆的推动，只有这样，才能将服务升华到文化层面，在高校图书馆组织开展的所有活动中进行融合和渗透，实现服务的全员化发展，让高校图书馆成为为读者提供优质服务的重要场所。

服务文化表现在以下几方面：

1. 服务礼仪文化

微笑服务作为基本的服务礼仪之一，是所有服务行业一直被推崇的服务规范之一，高校图书馆也要如此，因为微笑服务能够营造出开心愉悦的氛围，提高读者的读书效率，同时，读者的愉悦反馈给馆员，也能让馆员感觉到自己的工作受到认可。服务礼仪还包括举止、谈吐和衣饰，这便要求管员必须态度和蔼、举止得体、衣饰整洁、谈吐文雅，让读者感受和沉浸在服务美中，从而不断提高高校图书馆的文化格调和品位。所以，高校图书馆可以为馆员定做统一的服装，对馆员的行为方式和言行举止进行规范，从而促进高校图书馆服务礼仪文化的提高。

2. 服务艺术文化

每一种服务都代表了一种艺术，不管是调酒师挥洒自如、自由灵动的手势，还是茶楼中的传统茶道手艺，或是商场、旅店门口的迎宾先生、小姐的礼仪，都给予消费者或用户一种美的体验。高校图书馆也要结合自身的特征和优势，对自己的服务艺术和服务特色进行创造。服务人员要对馆内的馆藏和分布情况了如指掌，对于读者提出的任何咨询问题，都能给出准确和全面的回答。还要对读者的心理进行分析和研究，对读者提出或遇到的问题进行合理、合境、合人、合情的解决。

3. 服务品牌文化

服务行业一般都非常注重培养本行业的服务品牌。高校图书馆也可以塑造自己的服务明星，树立起高校图书馆服务品牌形象。榜样的力量是无穷的。如果说价值观念是高校图书馆文化的灵魂，那么，榜样则是这种价值观念的化身，他们为高校图书馆员提供了有形的学习楷模和活生生的样板，以生动具体的形象体现了高校图书馆文化的精髓，把抽象的精神层面文化具体化，对高校图书馆文化的成型与强化起着重要作用。高校图书馆的服务品牌形象分个体形象和整体形象。个体品牌形象是通过发掘和培养部分馆员：一是思想品质好，工作勤恳，具有开拓进取精神；二是具有良好的职业道德，言行规范；三是有能力担负起高校图书馆现代化建设、服务和管理的重任；四是文献信息知识结构合理，专业方向明确；五是具有较高的计算机、外语和通信技术等方面的技能；六是具有较强的语言表达能力、写作能力和交际能力等，并已在读者中享有赞誉的馆员，他们代表高校图书馆文化的伦理，是高校图书馆文化的支柱和希望，表彰和宣传他们的精神业绩，会影响和鼓舞一大批馆员，提高高校图书馆的知名度，对外作为服务品牌的宣传形象，对内作为全馆学习的楷模，达到互帮互学、提高高校图书馆整体服务水平，并最终树立起高校图书馆整体品牌形象的目的。

四、高校图书馆形象建设

进入 21 世纪后，如何形成高校图书馆事业发展新的推动力，是高校图书馆人迫切需要解决的问题。而创建高校图书馆文化、塑造良好的高校图书馆形象正是解决这一问题的关键所在。

在高校图书馆中，文献是基础，馆员是本体，而文化是灵魂，因此可以说，有什么样的高校图书馆文化，就有什么样的高校图书馆形象。高校图书馆文化的特点和风格，决定了高校图书馆形象的特点与风格；高校图书馆文化的好与坏，也就决定了高校图书馆形象的好与坏。高校图书馆自身状况是高校图书馆形象塑造的客观基础。所谓高校图书馆的自身状况，包括服务水平、服务质量、外部环境及设施、高校图书馆员工行为等外显性的形象表征。塑造高校图书馆形象的关键和前提条件是塑造好人的形象，人是高校图书馆文化建设的根本。在当前以技术为主导的环境中，要求高校图书馆形象的塑造应重视人文意境的建设，体现人文关怀。

（一）高校图书馆形象的意义及作用

良好的高校图书馆形象是高校图书馆的无形财富，是高校图书馆的无价之宝，不仅会产生巨大的社会效益，还会产生巨大的经济效益，在高校图书馆文化体系中有着非常重要的作用。

第一，良好的高校图书馆形象，可以使其得到广泛支持。通过提高高校图书馆形象，使广大读者对高校图书馆的工作满意度得到提高，使其在社会中的地位得到广泛的肯定，从而使高校图书馆的各项具体工作得到有力的支持。

第二，良好的高校图书馆形象，可以吸引更多的读者。重视高校图书馆的形象建设，可以引导更多的读者认识高校图书馆、光顾高校图书馆，争取读者的信赖和满意，从而吸引更多的读者利用高校图书馆的信息资源。

第三，良好的高校图书馆形象，可以增强其凝聚力。好的高校图书馆形象可以使全体工作人员产生与高校图书馆荣辱与共的思想，赋予工作人员自豪感，从而产生强烈的责任心，自觉地把自己的言行与高校图书馆的形象联系起来，热爱高校图书馆，献身高校图书馆事业，形成强大的集体凝聚力。

第四，良好的高校图书馆形象，可以使其广纳贤才。高校图书馆作为信息社会的重要支柱，承担着繁重的信息服务和文献资源中心的建设任务，同时由于现代科学技术的迅猛发展及新技术、新设施在高校图书馆中的应用，使高校图书馆面临着人才短缺的困境，特别是高水平的专业技术人员的短缺。但众所周知，由于高校图书馆的公益性本质，高校图书馆的经济效益和社会地位一直不高，对优秀人才缺少吸引力。良好的高校图书馆形象，在很大程度上，可以改变这种状况，可以吸引更多的人才从事高校图书馆工作。同时，优秀的人才又往往赋予高校图书馆新的生命力和活力。

第五，良好的高校图书馆形象，可以使各类型高校图书馆之间建立相互信任的合作关系。信息社会越来越重视信息资源共享，高校图书馆各自为政的时代已经过去，各类型高校图书馆之间、各区域高校图书馆之间的合作与资源共享已成为趋势，树立良好的高校图书馆形象，获得社会和主管部门的认可，将资源共享的合作项目放心交给本高校图书馆，可以促进本馆各项业务的发展。

（二）高校图书馆形象塑造

高校图书馆形象的塑造，即高校图书馆识别系统，是把高校图书馆的服务理念与精神文化运用于行为活动、服务工作、感观视觉等方面，以获得读者用户的认同和赞誉，从而树立起良好的高校图书馆形象。此系统的关键是以服务理念为核心，对包括高校图书馆内部管理、服务关系、服务宣传、服务拓展等各个方面进行组织化、系统化、统一化的处理，力求高校图书馆在所有方面以一种统一的、具有个性特点的形象展现于读者用户面前，增强高校图书馆形象的传播力和辐射力。由此可见，高校图书馆识别系统是基于文化层面上的一整套高校图书馆识别系统，是一项涉及方方面面的系统工程，它包括三个子系统，即理念识别系统、行为识别系统、视觉识别系统。

在高校图书馆形象塑造系统中，视觉识别系统是最外在、最直观的部分，是高校图书馆识别系统的静态识别符号，是具体化、视觉化的传达形式。它重在突出高校图书馆个性特征，发挥形象效应。它把高校图书馆的新理念，借助静态的、具体化的、视觉化的传播形式，有组织、有计划地传达给社会公众，让社会公众十分清楚地掌握其中传达的信息，达到识别、认知的目的，从而提高高校图书馆的知名度。在实践中，它以体现高校图书馆行业特征的象征图案作为统一的高校图书馆标志，采用统一的导引系统、文字规范、标准色和吉祥物等为基础，设计高校图书馆的各种外观，包括建筑外观、环境美化、室内装饰、服饰标牌、馆旗、馆徽、办公用品及服务用品等。各要素之间保持色调和风格统一达到"形散神聚"的效果。运用高校图书馆独特的视觉识别手段，并将信息向外界传达，从而立竿见影地树立起一个鲜明的高校图书视觉形象。统一视觉形象对塑造高校图书馆形象至关重要。它是从人们视觉的角度，使高校图书馆的形象在社会公众的心目中留下难忘的印象。视觉识别系统在企业 CIS 战略中起到了很好的效果，国际著名企业无一不在这方面别出心裁，刻意造型。肯德基、麦当劳快餐在全世界统一的成套标志，甚至包括规范化的店内装饰，醒目而鲜明的形象，让人印象深刻。高校图书馆在视觉上要做到以下几点：高校图书馆的建筑要具有人文意蕴特色；设施要给人以秩序美、对称美；色彩应体现高校图书馆性质的色彩意境——典雅与柔和；人文氛围要迎之以笑、待之以礼等。

高校图书馆的象征物是高校图书馆文化的可视性象征之一，充分体现了高校图书馆的个性，高校图书馆象征物是高校图书馆作为一种文明、智慧、进步的结晶奉献给社会，显示高校图书馆的文化风格。

（三）高校图书馆形象营销

建立良好的高校图书馆形象，一定要有一整套科学的营销手段。形象营销是指基于公众评价的市场营销活动，是企业在市场竞争中，为实现其目标，通过与现实已经发生和潜在可能发生利益关系的公众群体进行传播和沟通，使他们对企业营销形成较高的认知和认同，从而建立企业良好的营销形象，形成企业营销宽松环境的管理活动过程。

高校图书馆的目标应该放眼社会，让更多的公众了解高校图书馆，把更多的潜在用户发展成为现实用户。主要措施包括以下几方面：

第一，注重高校图书馆网站建设。如同高校图书馆的外观和造型是传统高校图书馆的形象代表一样，高校图书馆网站，是网络信息时代高校图书馆的一个面孔。建立一个实用、简洁、美观而且友好的网页将会吸引更多人的眼球。人们之所以会在大量的搜索引擎中青睐谷歌，除了其强大的搜索能力外，它那朴实无华的主页也是其中一个重要原因。高校图书馆网站是高校图书馆的对外形象，不能太过奢华，让人觉得没有学术气氛，也不能太过凝重，让人觉得枯燥无味。这种度的把握非常重要，决定着高校图书馆依靠网站的形象能够让多少潜在用户变成现实用户。当然，外表只是吸引人的一种手段，要想留住用户，依靠的还是网站为用户提供的便捷、稳定、安全、可靠和高质量的信息服务。

第二，鼓励馆员参加学术会议和发表学术论文。各种类型的学术会议是馆员们相互交流、学习和宣传各自高校图书馆的重要平台。高校图书馆员如果各自固囿在自己的小天地里，永远不会知道别人是怎么利用新技术、开发新产品的。高校图书馆如果能够承办各种大型学术会议，承担高级别的科研项目，馆员们能撰写大量的高水平的学术论文，就能吸引高水平的用户来利用高校图书馆。另外，高校图书馆通过各种方式，培养高校图书馆员成为高校图书馆界有一定知名度的专家，就能为高校图书馆争取更多的科研项目，也就更能激发高校图书馆员的创造力，提高高校图书馆的学术形象。

第三，和大型的搜索门户网站合作。在信息社会，高校图书馆信息产品的营销就需要高科技的手段，通过与大量搜索门户的合作，在其搜索网页上建立高校图书馆网站索引，这只是一种大众化的合作，还可以进行进一步的深度合作，如将高校图书馆的馆藏目录与信息资源在搜索门户网站上建立链接，尽管不能完全提供全文信息资源，但可以让用户了解高校图书馆提供的信息服务和信息产品，引导用户利用高校图书馆资源。高校图书馆的馆员应当利用自己的专业知识和对信息技术的掌握，在网络上写"博客"，介绍本馆的信息资源、信息产品及服务特色，也可以写自己的工作体会、查找资料的经验等，将反映高校图书馆内外风貌的图片上传到网络中，与人分享，也可以将高校图书馆的视频资料上传到网络中供人点播，还可以将介绍高校图书馆情况的演示文稿以 PPT 格式上传供人下载，这些虽然很多是高校图书馆员的个人行为，但现在很多人宁愿相信个人经验，不愿相信大型的宣传活动，所以这些措施应该能吸引很多的潜在用户利用高校图书馆的服务。

在市场经济中，营销是处理竞争最重要的武器。高校图书馆通过形象营销，不仅可以巩固其在信息社会中的信息保存和信息提供的地位与作用，用丰富的信息资源和完美的信息服务与产品将那些不再愿意利用高校图书馆的用户吸引回来，同时吸引大量的潜在用户变为高校图书馆的现实用户，为高校图书馆的自身发展赢得更大的空间。

第三章

高校图书馆文献信息资源建设与评价

第一节　高校图书馆文献信息资源的建设流程

一、高校图书馆文献信息资源的选择和采购

在高校图书馆文献信息资源建设的过程中，选择和采购适应本馆发展的文献信息资源是极其重要的环节。如何选择适合自己的文献，如何降低选择的盲目性和采购的浪费性、如何精准高效地完成任务，都是相关文献采访人员需要思考的问题。这就要求相关人员对本馆的各方面信息都有一个准确的了解。

高校图书馆文献信息资源的选择和采购需要按以下步骤进行：

（一）需求信息调研

1. 本馆性质、任务调研

作为高校图书馆的文献采访人员，在购置文献信息资源前，要对本馆的办馆任务、特色和性质有一个清晰的定位，同时又要结合学校的办学特色、学科发展、课程安排等情况，及时掌握学校的发展动态及规划，如是

否新增或停办某些专业，哪些学科上升为国家级、省级和校级重点学科等，并以此作为文献订购的参考依据。同时，还要根据本馆的发展规划，经济实力，读者人数以及完成本馆任务、目标所需的文献保障，确定适当的文献采集规模。

2. 用户需求调研

高校图书馆文献信息资源必须要满足用户的需求，只有了解了用户的需求才能够按需选择、引进文献，才能够提高用户的满意度，从而更好地发挥图书馆的作用。调查方式可采用书面调查、网上调查、询问调查和座谈讨论等方法。具体措施如下：

第一，文献采访工作人员可以从图书馆的用户服务部、读者意见栏等途径来了解和掌握读者对于文献信息的需求，充分了解本馆文献的利用状况。

第二，图书馆可以定期开展读者交流会、座谈会，以这种方式来让读者对图书馆的文献信息建设工作进行一些反馈，并且能够直接高效地了解读者的需求。可以根据不同的受众开展不同的座谈会，如本科生座谈会、研究生座谈会、教师座谈会、专家座谈会等。

第三，每学期定期组织开展深入学校征求老师学生意见的活动，直接走访、面对面交谈，能够很好地了解到广大师生需要什么文献信息资料，也可以请相关专家学者推荐一些值得购买的文献信息资源。

第四，发放调查表也是了解读者需求的重要手段之一。表格的内容可包括读者姓名、年龄、职称、学历、专业，经常使用哪些图书、期刊、电子资源及对馆藏文献购置的意见和建议等。

第五，还可以利用线上平台，来了解读者的阅读需求、征集读者的购买意见。高校图书馆可以开发出推荐购买文献信息资源的相关线上平台，利用网络的便利性，直观、清晰地向受众展示图书馆已有的图书等信息资源，还能广泛地收集读者的意见。

3. 馆藏信息调研

首先，要对本馆馆藏文献的收藏情况有总体了解。例如，本馆图书、期刊的收藏重点、收藏特色，收藏的图书种类、册数等。

其次，统计馆藏文献的利用率。高校图书馆的文献信息资源应该充分满足学校的教学、科研需求，具有相对稳定的学科范围和读者范围。通过对馆藏不同类型的文献利用情况进行统计分析，可以将相关文献利用率指标作为确定该种文献是否订购的一个参考依据。

最后，对馆藏文献信息资源进行分类、比较、研究和总结，了解馆藏图书、期刊的特色，本校各个学科、专业是否都有一定数量的图书、期刊作为文献保障，重点学科是否得到倾斜，馆藏图书、期刊是否存在严重的学科分布不均衡现象、可替代资源的数量等。

4. 本地区其他图书馆文献信息资源状况调研

由于经费的限制，任何一个高校图书馆的馆藏资源都不可能实现"大而全""小而全"，必须通过其他方式进行馆藏补充。目前，较好的补充方式就是资源共享，特别是与本地区其他图书馆的资源共享。对本地区其他图书馆的馆藏资源结构、特色、规模、收藏重点等情况进行全面的了解，将有利于采访人员有针对性地收集、收藏，避免重复浪费。

5. 出版信息调研

中文报刊最主要的征订目录是每年秋季邮局印发的下一年度《报刊简明目录》，各联合征订发行商和自办发行的期刊也会向高校图书馆邮寄征订目录、订单或样刊，高校图书馆在订购时一般参考《中文核心期刊要目总览》《中国报刊大全》《中国期刊年鉴》《中国期刊名录》《中文期刊大词典》等工具书及《中文社会科学引文索引（CSSCD》《中国科学引文数据库（CSCD）》等期刊数据库，并以此作为选择依据。目前很多高校图书馆中文期刊还有中国图书进出口公司、中国教育图书进出口公司、世界图书出版公司等代理商的《外国报刊目录》（每年出一册）和引进版权报刊目录等，这些目录图书馆一般在每年夏天可收到。近年来，中国图书进出口公司、中国教育图书进出口公司、刊林、华教快捷等期刊发行商都建立了网站，通过网上就了解期刊征订信息。

随着网络的发展，很多发行商为提高到货率，开始自己想办法尽早获得各出版社的准确信息，并制作成更为个性化的新书机读目录，及时提供给图书馆以供批量查重和采选，也有越来越多的出版社通过自己的网站发布新书信息，并通过更加快捷的电子邮件、QQ、MSN等方式发布新书信息并对书商或图书馆提供机读目录的下载，图书馆采访部门所能获得的出版信息也是越来越准确和迅速。近年来，很多高校图书馆通过中国图书进出口公司、中国教育图书进出口公司、中国国际图书贸易总公司等公司网站获取外文原版图书出版发行信息并下载其数据，由于外文图书价格昂贵，高校图书馆一般以校内用户推荐为主要选择依据，为了更好地服务于用户，中国图书进出口公司开发的"海外图书采选系统"（PSOP），不仅为图书馆采访人员提供更加及时的出版信息，而且改变了传统手工操作的图书馆外文图书采选的工作模式，利用现代信息与网络技术，建立符合本馆发展的个性化工作平台。

声像资源、电子资源、网络资源由于其特殊性，其出版发行信息主要来源于新闻媒体、出版发行商的推广宣传等，而且在选择时一般考虑其价值和影响，如很多高校图书馆选择中央电视台《百家讲坛》《世纪大讲堂》等系列光盘。很多高校图书馆还根据学校的办学特点和定位采用集团采购的方式选购适合本校的重要数据库。

要全面掌握出版信息，应健全图书、期刊供应信息的流通机制，为此一是要与图书、期刊出版发行部门或经营商建立新型的信息共享关系，确保信息的完整性、准确性、可靠性和信息传递的顺畅性与时效性；二是要运用信息技术和各种媒体，从书刊、网页、广播电视等各种媒体采集与传递图书、期刊供应信息，从而广泛地了解图书、期刊出版发行动态；三是要加强与其他高校图书馆之间的信息交流与协作，共享信息资源；四是要健全图书、期刊需求信息的流通机制，加强采购人员与读者的信息、交流渠道，使图书、期刊需求信息能及时得以传递和掌握，有时读者也会推荐一些采访人员未了解的新信息。

（二）采访原则

高校图书馆文献采访的基本任务是为教学、科研服务，满足用户文献资料的需求，因此高校图书馆必须结合学校和本馆的发展规划，根据本校学科建设和科研活动，按照本馆文献信息资源建设原则制定科学的采访原则。科学的采访原则是做好采访工作的基础，在新形势下，高校图书馆文献采访工作应该遵循以下几方面原则：

1.实用性原则

采购文献主要还是为了使用。要将文献的实用性拉到最大，就要尽可能地采购符合本校学科建设、科研方向的文献，满足学生的阅读需求，又能为教师提供相关的教学资料，促进学生学习能力的上升和教师教学水平的提高，以适应本校多学科、多层次的办学要求。根据学校专业设置，分清采购重点，对于值得投资的专业课程重点扶持，积极购入相关资料。对于老旧的、过时的资料要有计划地抛弃、放弃,避免造成资金和空间的浪费。

原版外文图书的采购可实行"一对一"的采购原则,即为人订书和为书找人,有重点地选择一些有关专业的科研项目及重点专业由它们选书,书到馆后及时地"为书找人",这样的做法使得原版外文图书真正地最大限度地发挥了使用效益。

2. 系统性与完整性原则

系统性要求采购的书刊资料要相互联系、有比例、成体系。完整性要求采购的书刊资料不缺不漏。坚持长期性、及时性,避免乱采乱购、毫无计划、随意中断是保障系统性和完整性的关键。

3. 时效性原则

图书和期刊都具有时效性,这就要求采访人员必须通过各种渠道采购最新的书刊文献,时刻把握保证学术价值和适合专业读者需求的标准,为此,一方面,对时效性强的书刊文献,如年鉴、计算机和英语四、六级考试方面的资料尽快采购最新版本并随时剔旧,尽量用电子文献去代替,以便节省尽可能多的经费;另一方面,对一些学术价值高、时效性差的文献应努力收集齐全。

4. 高质量原则

随着文献出版发行量的剧增,不同的文献其内容价值、印刷质量和服务参差不齐,在采访时,一方面要注意出版单位、著作人、主编人等信息,另一方面要选择好的书商,包括它的规模、信誉度、到书率、到书时间、服务质量和组织图书的能力等。目前,各高校图书馆合作书商都是通过招投标方式确定,图书选择以知名出版社和特色出版社为重点,著作人、主编人一般以相关学科的专家学者为选择重点。

5. 满足需求原则

满足读者需求是高校图书馆采访工作的根本所在,高校图书馆在购买文献时，要尽可能针对不同的读者群体去购买不同的图书文献、期刊、电子资源等，不能千篇一律"一刀切"。

（三）采购的主要方式

随着科技、网络、信息的发展，我国的出版发行事业有了迅速发展，图书发行经营方式由原来的国有转为国、集体、个体三者并存，高校图书馆采购书刊从原来较传统的单一预订、邮购发展为订购、函购及网上订购、图书现采等多渠道的采购方式，建立了畅通的、快捷的需求与保障渠道。目前，各高校图书馆的采购方式主要有预订、现采、网购、函购、受赠、集团购买、交换、呈缴等几种。

1. 预订

高校图书馆采购图书的最主要方式之一便是预订。预订是指高校根据各出版社、书商等发出的图书征订目录，筛选自己图书馆所需要的图书资料，进行有计划的补充。这种途径十分便捷，能够大规模地购入自己需要的图书，但是同时由于实物与图片存在一定的差距，这种预订方式又难以保证图书的质量，所需要的订购周期也比较漫长，很多图书到馆的时间比较滞后。

2. 现采

现场采购是高校图书馆近年来图书采访的主要方式之一，即高校图书馆根据馆藏需求，选择资质、信誉好的图书经营商，由图书经营商组织采购人员到全国性书市，以及大卖场的书店、出版社样本间、图书经营商的仓库等地方，通过笔记本电脑或者现场采集器来进行现场采购。这种方法直观性和及时性较强，采购人员在现场就能直接鉴别图书质量的好坏，由此来决定自己是否购入，可以弥补预订方式的不足。尤其是国内各大出版社逐步重视馆配这一业务，对于样本间的建设也越来越完善，图书馆采访员到出版社样本间采集样书信息收获通常都很大。目前许多高校图书馆正在逐步加大图书现采的力度，但也应该看到，由于现采的形式对现货的依赖过大，且差旅费支出较大，高校图书馆需要有选择地参加有特色或对口的现采活动，并将现采与预订有机结合，互为补充。

3.网购

随着网络的发展，网购图书也逐渐成了各高校图书馆补充藏书的主要途径之一。图书采访人员通过网络这种便捷工具在网上书店进行选书、数据传送、订单传递和付款，过程十分简单便捷，大大提高了采购的效率。有时针对需要急用的文献信息资源，在京东、当当等网上书店购买之后，很多时候第二天就能送达，十分迅速。除此之外，若要购买外文原版图书资源，可以在亚马逊网上书店购买，外文原版图书在亚马逊网上书店购买通常比在国内进出口公司订购价格上更加优惠、到货速度更加快。

4.函购

函购是用信函的方式购买书刊，对补充采访有着较好的辅助作用。对一些作者自费出书或非文献出版社所编印的内部资料如会议文集等，可采取函购方式，但不宜大量采用。

5.受赠

对国内外友好单位或个人免费赠阅的图书有选择地收藏。外文原版图书的高昂价格，使众多高校图书馆望而却步，外文图书的馆藏由此成为各高校图书馆的一块心病。一方面是经费紧张，外文图书收藏困难；另一方面是本馆外文读者的求书若渴。为缓解这一压力，让本馆外文读者有书读、有书借，各高校图书馆积极寻找对策，广辟来源。目前，国内高校图书馆主要通过设立在上海外国语大学、上海同济大学、中国海洋大学、大连理工大学的"美国亚洲基金会""美国亚洲之桥基金会"等原版图书赠送点获取外文图书，也有许多高校图书馆直接接受国外的校友或友人的捐赠。

6. 集团购买

集团购买是目前采购电子资源、网络资源特别是外文数据库最重要的方式之一。高校图书馆以参团的方式加入某一个组织，如中国高等教育文献信息资源保障中心（简称 CALIS 中心）、各省高校图书馆工作委员会等，再由这个组织以集团的方式与经销商谈判，以相对较低的价格购买使用权。通过集团购买，高校图书馆可以节约经费，以较低的价格享受较高价值的资源。CALIS 文理中心以及 CALIS 区域中心经常组织全国的高校图书馆购买大型外文数据库，各省市（数字）图书馆工作委员会也经常组织本省市高校图书馆购买中文数据库，个别地区高校也进行地区自由组团购买。

7. 交换

图书的交换主要是在两个单位之间进行，如图书馆馆际交换、图书馆和出版单位交换图书，通过图书交换可以获取内部资料和一些珍贵的书刊、文献信息资源，可以促进相互交流学习。目前，期刊特别是高校学报是各高校图书馆利用交换方式获得的主要资源。

8. 呈缴

呈缴是国家为保证出版物收藏的完整性，妥善保存文化科学遗产，从而有这样一个规定：相关出版单位每次出版新的图书或者出版物时，必须将一定数量的样本免费送给指定的图书馆。这个规定通常以法律或法规的形式存在，要求各出版单位自觉遵守。高校图书馆一般要求本校出版社所出出版物，本校教职工所出专著、教材，本校研究生、博士生学位论文应向本校图书馆缴送一定数量样本。随着电子技术和网络的发展，许多高校图书馆也要求出版者缴送电子文档。

二、高校图书馆文献信息资源的复选与剔除

任何一个图书馆在建设设计时，都有一个藏书的限度，这个限度如果是在考虑了近期和长期需要的情况下确定的，就是一个图书馆必要藏书的合理限度；如果是设计不合理造成的书库过度饱和，就应该考虑扩建，以适应本馆藏书建设的需要。对于图书馆的空间容量和书库条件而言，上述情况不论属于哪一种，都会因藏书的发展或迟或早地出现书库饱和的问题，因此，要合理使用书库，对图书馆内部工作有一个系统的管理，这样才能促进图书馆文献建设工程健康发展。高校图书馆的文献信息资源是需要不断推陈出新的，藏书资源不是一成不变的，而是随时间发展而变化的，因此图书馆需要对藏书进行复选，并要对过时的资源及时抛弃剔除。随着社会的发展和新知识的产生，必然导致藏书中出现一些观点有问题，内容陈旧过时，失去现实意义和参考价值的书刊。当图书馆的读者对象，或具体任务发生变化时，藏书中也会出现一些不再符合读者需求的书刊。在采购工作中，由于选书人员不了解本馆读者的实际需要，或者是只凭订单选书，也会造成藏书的不适用或复本太多。上述种种因素都要求图书馆不断进行藏书的复选，将那些不需要的文献剔除出去。

（一）复选的定义理解

复选，即重复挑选，是要对图书馆的文献信息资源进行二次甚至多次筛选。图书馆的空间是有限的，过多的、杂乱无章的文献信息资源会给读者的使用过程带来障碍和困扰，因此，要控制文献信息资源的数量，做到高效利用图书馆空间，就需要对文献进行复选。复选可以将初选时不合格的、不适应的文献排除开来，再将剩下的文献列入馆藏内。除此之外，图书馆还要对已在馆藏体系内的图书文献信息资源进行复选，将过时的、不

符合读者需求的文献信息资源进行剔除。

文献的复选是一个复杂的过程，但是也是不可或缺的一个环节。对文献进行复选能够推动文献信息建设进程，提高图书馆馆藏质量，从而推动馆藏体系的完善发展。

（二）复选的目的与意义

文献老化是馆藏文献复选的重要依据。图书馆的文献是长期积累起来的，而文献是会随着时间的推移逐渐老化的。在知识、技术、工艺都在不断快速革新的今天，文献更新换代的速度也很快。过时的、理论被推翻的文献数不胜数，这些文献滞留在图书馆里只是浪费空间，和其他有用的文献混在一起还降低了图书馆的藏书质量，也不利于读者查询和阅读。藏书复选是遵循藏书增长这一现象，又根据文献老化这一规律而进行的，图书馆馆藏信息资源也不能盲目地增多或者被剔除，文献的进和出需要保持一定的平衡，达到一种稳定发展的状态。要达到这个状态，就要在保证有新图书入馆的同时剔除一些失去参考价值的资源，这样能够确保图书馆的文献信息资源能够跟随时代的发展，随时有参考意义，不易过时，从而能够推动文献信息资源的建设。图书馆开展藏书复选工作具有以下几方面的意义。

第一，保持文献信息资源的新颖性。对高校图书馆文献信息资源的复选过程也是一个推陈出新的过程，图书馆不断得到一些实用性强的、具有时效性的高质量文献信息资源，同时还不断剔除一些陈旧的资源，这个过程有利于藏书长久地保持活力。

第二，消除涨库现象。随着馆藏的不断扩大，当藏书发展超过图书馆的库藏容量时，如不及时进行剔除，必然会产生涨库现象。如果只注重藏书数量的增长，却忽视了藏书的剔旧工作，书库藏书长期只进不出，图书馆面积不能扩大或不能及时扩大，就会导致书库达到一种饱和的状态，书架超载，藏书结捆堆放，新书无法及时入藏上架的涨库现象。

第三，优化馆内信息资源结构，提高文献利用率。高校图书馆主要是为了满足学生学习、教师教学、专家科研的需求，而师生们和专家们在自己的教学和科研过程中，需要不断地应对课程内容、科研结果的变化，而在这一变化过程中他们不再需要旧时的参考资料，因为已经失去了意义；他们需要新的、具有现实使用价值的文献信息资源。对于馆藏资源的复选能够不断优化信息资源的结构，使其能适应并且服务于学科建设、教学、科研的发展需要，才能提高文献的利用率，才能优化、活化馆藏，使馆藏结构更趋合理、系统和完善，从而提高馆藏质量；同时由于复选是围绕图书馆的方针任务和读者要求进行的，因而经复选后留下的馆藏质量较高，从而能够形成馆藏特色，缩小馆藏规模，节约了空间，也提高了馆藏利用率。

第四，减少浪费。收藏一册图书或电子信息资源都是需要消耗一些人力、物力、财力的，及时剔除旧书能够积少成多，减少对于空间和时间上的浪费。

第五，调节控制图书馆业务工作流程，使馆藏布局和馆藏结构更趋合理、系统与完善。通过藏书的复选与剔除，还可以有的放矢地改进图书馆工作。比如，分析藏书的呆滞究竟是属于选购了不需要的文献，还是分类不恰当、著录不准确或典藏失误等，并及时进行纠正。

（三）复选的基本原则

藏书复选工作，是图书馆科学管理的重要组成部分，也是一项复杂而细致的工作，应统一思想认识，根据本单位文献的收藏、积累和利用等情况，结合本单位的实际，制订计划。藏书复选是一项理论性、实践性、操作性、经验性很强的工作，务必遵循由近及远、由复本到品种、由一般到重点、由点及面的原则，从整体藏书的针对性、完整性、系统性、先进性和未来发展等方面综合考虑，确定复选原则。高校图书馆的藏书复选工作，应当遵循以下原则：

一是从本校实际出发的原则。藏书复选必须从本校的实际情况出发，结合本校教学及科研计划、发展规划等，在充分了解读者需求的情况下对现有的馆藏进行积极评估。藏书复选必须首先考虑本校的层次、特色和经济情况，因校制宜，量力而行。

二是制订全面的复选计划和切实可行的复选方案。在进行藏书复选工作之前，需要有明确的规划，要有目的地执行。应先建立起单独负责复选工作的机构，精心挑选和培养复选人才，进行科学、合理的管理，综合考虑图书馆和学校的特性制定出符合的复选方案，并且积极听取专家的意见和建议，定期对复选的方案进行反思和修改。同时又要提高文献信息资源复选工作的科学性，不断研究新的复选方法，提高复选效率。除此之外，图书馆还应意识到文献信息资源的复选工作是一个长期的过程，要有计划地开展，并且持之以恒，和图书馆的发展政策保持一致性，不能半途而废。

三是应对被剔除文献进行妥善处理。被剔除的文献也需要得到科学的管理，不能随便弃之不顾。要专门制定针对老旧文献信息资源的方案，根据文献的不同老旧程度作出不同的判断，来考虑是移入储备书库还是提供给外部机构，对于实在没有利用价值的、特别过时的文献可以出售或者作废品处理。在对被剔除的文献作出相应处理的同时应该遵守法律的规定，在法律限制的范围内作出操作。

四是保守性原则。复选和剔除不是盲目的、随意的，不是随随便便就能剔除不要的文献信息资源。对于一些特藏的、善本书，还有馆际合作交换的一些文献，在原则上是不予以剔除的。同时，也应该保留那些有潜在使用前景的、重点学科的文献以及有长期保存价值的珍品。

（四）复选的不同标准

馆藏复选标准，是进行馆藏调配、剔除和复本增配的准则。不同高校之间，由于办学历史、办学水平、办学特色的不同，其图书馆的服务对象、馆藏状况和馆藏特色存在较大差异，对馆藏使用价值的衡量和理解也不相同，因而也很难找到一个统一的、合理的复选标准。图书馆开展馆藏复选工作时，应视不同类型文献和具体目的，采用不同的标准。

1.一般标准

（1）以藏书内容为标准。对内容重复、错误、过时或撰写拙劣而不宜公开流通的书刊应进行剔除。不宜久藏的图书有以下几种：①一般知识性、消遣性的图书；②习题类图书，一般是大学四六级考试相关图书和考研方面的资料，太过于古早、老旧的版本可以及时淘汰更新；③时效性较强的应用科学类图书，一般更新换代比较快，一旦内容过时就没有利用和保存价值，只能堆在书架上，如计算机类图书；④入藏时没有及时发现的复本。

（2）以藏书外形为标准。从藏书的外表也能看出该书是否需要剔除。有些需要剔除的书外皮破损严重，且无法修复；还有的图书缺页、污损，印刷不清晰或者破旧，文献的内容已经看不清了，不再具备收藏和利用价值，这种文献都应剔除。但是，在剔除时需注意该书是否为善本书，或需先增补新书。

（3）以文献出版的时间为标准。对出版时间过长、内容陈旧过时或连续出版物的早期卷作进行剔除。国家图书情报机构有所规定，对于一些出版时间超过一定年限的文献，应该甄别是否需要剔除。按理来说，距离出版时间越久，该图书的使用价值便越低，当然也不排除极其珍贵的藏本。特别是科技方面的文献信息资源，因为科技革新速度非常快，相关的理论也许第二年就被推翻、证实错误等，所以应该注意文献信息资源的出版时间。不同学科、专业、领域的图书和其有效使用年龄也不一样，如参考书、辞典能够长期保持；哲学、心理学、基础理论、社会科学等方面的名著时效性较长；教科书、科学书等革新速度比较快。同时，图集、乐谱等价格昂贵的图书应尽量保留。

（4）以藏书利用情况为标准。藏书主要是为了供读者阅读和使用。对于长期无人问津、实用性低的图书也应及时剔除，还有复本过多导致流通率低下的文献信息资源也要剔除。复选人员可以充分了解和掌握文献的使用情况，并以此来推测其未来是否受用。如果有文献信息资源长期无人使用、无人在意，那便可以及时剔除。要了解图书馆文献信息资源的使用情况，复选人员可以利用计算机系统来查询所需要的信息。可采取以下方法：①查询图书借阅频率。复选人员可以通过图书馆管理信息系统来查看和分析读者阅读的倾向性和选择性，可以将一些长时间借阅率低下的图书记录下来，再根据具体情况合理剔除。②查询图书出版时间。利用图书馆的管理信息系统方便快捷地查询各图书的出版时间，按照时间顺序排列，充分观察和分析，找出确实不再具备价值的图书，同时要看该类别的图书有无新版本的，要进行及时补充，不能出现空缺。

2.各类型文献复选标准

（1）图书的复选标准。

图书在文献信息资源中占比重较大，因此是馆藏复选的主要对象。图书馆的图书复选工作主要是要清理掉图书的多余复本、又要补充复本不足的图书，同时将滞留的过时图书剔除。图书数目庞大，因此图书的复选工作十分复杂，工作量巨大，要提高复选的效率，就要制定一定的图书复选标准，并按此标准有计划、有目的地进行图书复选工作，同时深度结合馆藏图书的使用状况，进行复选。图书复选的标准主要包括：①合理利用馆藏的实际空间，根据不同图书的出版时间和借阅频率来确定相应的复选指标，及时整理、调整布局。②拒借率或预约率较高的专业图书，及时反馈给文献采访部门以增加图书复本或购买相关电子图书。③质量低下的赠阅本、多余的复本应予以剔除。④内容有错误、不宜公开流通的图书应予以剔除或另外保存。⑤残缺破损且无法修复、大量污浊挡住内容的图书应予以剔除。⑥借阅率低、实用性差的图书应予以剔除。

（2）期刊的复选标准。

第一，对于内容陈旧过时、不符合读者需求或内容有错误的期刊可予以剔除。如一些休闲类期刊、时效性强的计算机类和信息、报道类期刊，可重点进行复选剔除。馆内收藏的交换、赠送期刊如无收藏价值，也可考虑剔除。

第二，期刊缺失严重、连续性差，收藏价值不高的，可予以剔除。现代图书馆多采用全开放模式，期刊的安全管理受到挑战，有些期刊缺失比较严重，而补订工作效果不好，导致期刊连续性差，已无收藏价值，可予以剔除。

第三，利用率极低的期刊，可考虑予以剔除。

第四，目前各高校图书馆的期刊基本都是印刷型和电子版本并存，这是比较合理的，因为印刷型期刊也有一定的读者群，所以纸本期刊有存在的价值，但对使用频率不高的印刷型期刊，可剔除多余复本，保留品种。

（3）电子文献和特种文献资料的复选标准。

第一，内容陈旧、不符合馆藏范围和读者需求的，可予以剔除，这种情况和图书期刊的剔除类似。

第二，因产品更新换代、品质变坏、质量差或记录内容部分或全部被抹去或破坏的，导致阅读设备无法读取的可以剔除，如缩微胶片文献可处理为电子文献进行换代。

第三，次要的、与其他数据库重复率较高的、使用频率低的数据库可以剔除。另外，占据许多储存空间但是意义不大的、能够有替代品的文献库也可以剔除。

第四，复选特种文献资料时要分析其文献内容和时效长短，作出综合评定之后再选择是保留还是剔除。

（五）复选的主要方法

要对馆藏文献信息资源开展高效率的复选工作，需要依据一定的复选标准，运用各种方法来找出馆藏中读者需要的、不需要的文献信息资源，从而进行相应的调整。复选方法主要有以下几种：

1. 经验判断法

这是图书馆文献信息资源复选最常用也是最高效的方法。在复选工作开展之前，图书馆一般都会根据本馆特色、建设目标来制定一系列的复选标准和规则，便于复选人员科学合理地按照一定的程序来进行复选工作，有利于提高工作效率。复选人员凭借自己的专业知识，通过观察分析文献的外观、借阅频率以及参考价值，来进行主观判断，直接在书架上审查相关文献信息资源。工作人员需要有较高的辨别能力，尽量避免疏漏。但是由于文献信息资源内容涵盖面广、跨度大、质量参差不齐，由于剔除人员把握尺度不同，结果往往会不一样，单凭工作人员的经验和印象对文献信息资源进行主观判断复选剔除是不准确的，因此对经验判断法选出的有疑问的文献，还需参考其借阅记录，查询读者对其需求情况，必要时还要征求读者的意见。

2. 滞架时间判断法

滞架的意思是一本书在流通中未被使用从而滞留在书架上。根据一本书的滞架时长来判断一本书是否需要被剔除也是一种很高效的方法，因为文献信息资源的存在价值就是被人们使用。若是一本书长期从未被人借阅使用，可以基本判定它不具备收藏价值，可以剔除。在进行滞架时间判断的过程中，复选人员需要对各种图书的利用情况有一个全面的了解，可以通过计算机来实现。

3. 书龄法

书龄法是根据文献的出版时间来判断其利用价值的方法。在复选工作开始前，图书馆应先有一个具体的规定来确定复选人员采取什么时间的判断法，如上架日期、出版日期、印刷日期等，都是不一样的。确定好一个标准之后，在规定的年限范围内观察和掌握文献信息的流通次数，分析其是否被人们借阅使用，从而定位其参考价值。值得注意的是，并不是所有年代久远的书都应该被剔除，有许多出版年代相同的图书使用率也不尽相同，因此，在拿不定主意时还有必要请相关专家对其价值进行核实，确定是不存在利用价值的文献便可以剔除，避免将有收藏价值的旧书给剔除了。

4. 半衰期测定法

不同学科的文献信息资源都有不同的流通和实效期限。所谓文献的半衰期，就是看某学科可以利用文献的一半是何时出版发表的。从这个半衰期可以大致推断出在该门学科能够持续的时效性是多久。如果一门学科的半衰期是五年，这就意味着这门学科中还能使用的一半文献都是最近五年才出版的，再过五年这门学科就渐渐失去了时效性和实用性，利用价值就在不断地衰减直至消失。以此方法来推断文献是否有利用价值，可以来对不同学科的文献进行复选和剔除。

5. 目录比较法

目录比较法顾名思义就是将馆藏内相同专业、领域、学科的文献信息资源进行目录比较，再评估相关文献的研究和收藏完整程度，查询该学科相关研究的重复率，对馆藏内的文献进行审核和评估，来决定是否剔除。

6. 用户评议法

复选工作还可以让读者参与进来。如个别征询、访问、问卷调查和召开小型座谈会等，充分听取读者的意见和建议，及时了解不同读者的不同需求，询问相关复选问题，如哪些书值得保留，哪些书已经过时。这种方法也比较便捷，也能很好地满足用户的需求，有利于提高图书馆复选工作的效率。

7. 数学计算方法

利用数学方法如统计学的方法对载文量、引文量、书龄、复本量、滞架时间和使用频率等进行统计分析，并运用专门的公式或方法进行计算，根据计算结果做出复选决定。

8. 外形判断法

和经验判断法类似，即观察文献的外观，判断其状态。外观陈旧破烂、书页污损发黄、书脊开裂、缺页缺角、纸张脆弱、印刷不清晰、无法修补的文献都可以被剔除。

（六）藏书剔除的步骤和程序

第一，成立专门的文献复选小组，培养相关复选人才，充分认识到本馆的定位，致力于满足读者的需求，制定一定的复选剔除标准，将整个工作保持在计划下运作。

第二，积极调查研究本校情况、读者需求，结合实际情况制定方案。了解本馆藏书的流通情况、读者对各类文献信息资源的需求和利用情况，并且还要对我国科技发展水平等方面保持敏感和关注，以便及时意识到文献是否老化。

第三，数量统计。对某学科的图书、期刊以及各种类型的文献进行详尽的统计，包括该学科的下位类、各组成部分及相关学科文献，不同文种结构，不同的文献类型，外文书中文版、影印图书的比例，连续出版物的连续收藏时间等。

第四，复选小组要在统计文献数量的基础上评估本馆的文献收藏程度，积极调查馆内各学科的书目、核心期刊等，了解各数据库的覆盖情况和利用情况，对于一些有电子文献的图书可以适当减少复本数量。

第五，记录剔除的文献目录，并注明原因。根据已定的方案对馆藏文献信息资源进行审查和鉴别，拟定出要剔除的书目清单，内容要包括图书的文献名称、责任者、出版年、版本等，并且交由复选小组讨论是否最终剔除，广泛交流意见之后拟出最终版的剔除书单。

第六，下架要剔除的书目。按照拟好的剔除书单把需要剔除的书目及时下架，并办好藏书剔除的各种手续。在图书馆馆藏数据库里注销目录并办理出库手续。保留好剔除书单，便于管理和统计。

第七，合理处理剔除的书目。根据不同书目特点，制定不同的处理计划，如旧书回收、售卖、转寄、交换等。

（七）藏书剔除应注意的问题

第一，对于过时的文献信息资源进行剔除时，不能完全使其绝种，要或多或少地保留相关学科的内容，不能出现某个学科图书资料空缺的情况。高校图书馆藏书系统必须是完整的，且具备科学性。学科的发展也是连贯的、需要继承的，必须保留各个时期具有代表性的著作。同时又要入藏能够反映最新科技成果或者最新知识的、紧随时代发展的文献信息资源，及时抛弃过时内容。这样才能充分节约藏书空间，激发图书馆文献信息资源的活力。

第二，从高校图书馆的定位和性质出发，结合实际情况，依据学科重点，建立起有特色的图书馆藏书体系，也不是传统的大而全藏书思想，要有重点、有突出，并且不断提高藏书的质量，推动图书馆文献信息资源建设蓬勃发展。

第三，加强调查研究。调查研究可以有效地提高复选工作的效率。可以通过请科研教授、专家到本校图书馆来浏览相关学科的文献信息资源的方式来提高效率，从而能够对相应的受众进行调查研究，清楚其需求；调查图书馆的流通、登记人员，直观了解到图书馆各文献信息资源的流通和借阅情况。除此之外复选人员还要自觉关注各文献的利用情况。

第四，定期进行藏书的复选和剔除工作。一般剔除老旧图书的工作是隔三到五年进行一次，要将图书采编、流通和存储等环节与复选与剔除结合在一起，环环相扣，努力做到提高图书馆整个运作的工作效率。也可以组织小规模的复选和剔除工作。

第五，现在是信息迅猛发展的时代，高校之间信息共享也成了一种必然的趋势，这有利于提高资源的使用率，促进共同发展。因此高校图书馆在对文献信息资源进行复选和剔除的时候要考虑到能够进行共享的资源，避免将其剔除。同时，若是有潜在价值的、被剔除的藏书，可以系统地、有组织地将其储存起来，建立一个专门的资源共享库，便于日后对促进图书馆联盟的发展起到一定的推动作用。

第二节　高校图书馆文献信息资源的开发路径

一、加强采访队伍的建设

随着信息技术的不断发展，文献信息资源的数量也在急剧增加，传统的单一型学科文献资源又衍生出了兴的交叉学科和复合型学科文献信息资源，以往的采购方式已经不再适用于如今的情况，出现了网购、现采等新的采访方式。采访新模式缩短了购书周期，提高了工作效率，但也暴露出多高校图书馆采访队伍存在的问题，如采访力量不够，采访人员知识结构过于单一、综合素质不高，工作责任心不强等。解决以上问题最有效的办法就是高校图书馆及时调整采访人员结构，加强采访人员的教育培训，使采访人员及时更新知识、更新技能、提高自身素质，真正从单一型人才成长为具有高学历的集多种知识和技能于一身的复合型人才。

（一）调整采访人员结构

由于历史的原因，许多高校图书馆成为高校安排教师配偶的首选之地，采访人员学历结构参差不齐，有博士、硕士、科、专科、中专等各种学历；也有的图书馆大多数人员都是图书情报专业毕业，对本校学科专业的知识不了解，以致高校图书馆的采访队伍结构不合理，很多采访人员的素质低，知识水平不高，责任心不强，采访中多凭自身的经验来判断，让整个采访工作效率低下，无法保证文献采访质量。因此，高校图书馆应及时调整采访人员的学历结构和知识结构，有计划地通过引进、选拔、培养等方式让具备较高的思想素质、职业道德素质，有较强的事业心和责任心，有良好的语言沟通能力和社会活动能力，学历和专业水平较高的人员担任文献采访工作，以减少订书的随意性和盲目性，提高采访质量，更好地满足本校教学和科研的需要。

（二）加强采访人员思想素质教育

高校图书馆是社会建精神文明和物质文明，进行爱国主义教育的中心，其所收集的文献资料不允许有不健康的作品，必须是优秀的健康的思想政治、文化艺术、科学技术的作品，这就要求高校图书馆通过学习、培训等方式加强对采访人员思想素质的教育，让他们树立正确的世界观、人生观，热爱图书馆事业，安心本职工作，努力钻研业务，热情为读者服务，把满足读者文献需求和学校教学、科研需要作为自己的目标追求，用购买的优秀作品去潜移默化地影响读者。

（三）加强采访人员素质的持续提高和读者培训工作

采访馆员素质的提高是一项长期的工作，采访人员素质一定要跟上学校建设和发展的需要。如今高校的办学规模逐渐扩大，办学水平和能力也在不断上升。为了更好地促进高校整体发展，作为重要组成部分之一的图书馆也需要提升自身的办馆水平，因此文献信息资源的建设工作必须做好。文献信息采访工作要求图书馆具备综合素质高、见世面广的采访人员，掌握外语和计算机技术，能够熟练运用计算机进行图书管理和信息分析才能胜任采访工作。为此，高校图书馆可以在人员入职时筛选一些高质量、高学历、综合实力强硬的人才，也可以安排在职工作人员去积极参加培训来提升他们的工作能力，也可以请专家教授来图书馆开展讲座等，丰富采访人员的知识、扩宽他们的视野，使其能更好地进行采访工作。同时，采访人员还需要明确本图书馆的目标、性质、任务、服务对象，了馆藏结构和读者的文献需求倾向，减少文献采访的随意性和盲目性。原因是图书馆的资源越来越丰富，如何用好图书馆资源，使学校投入文献经费效益实现最大化，做到物尽其用，需要馆员的引导，也需要加强读者培训。

（四）加强采访人员社会活动能力和组织协调能力的培养

高校图书馆采访工作头绪纷繁，涉及面广，经常需要与读者、出版发行单位或个人进行沟通和交流，协调处理各项采访事务，没有一定的社会活动能力和组织能力是不能胜任采访工作的。因此，高校图书馆在重视采访人员思想素质和业务能力培养与提高的同时，也要重视采访人员社会活动能力和组织协调能力的培养与提高，让他们能轻松自如地与同行、读者、书店等单位或个人交往，营造和谐的工作氛围。

除此之外，高校图书馆还须重视采访人员的健康状况，这是进行各项业务工作的前提。采访新模式要求采访人员经常出差到外地现采，没有健康的体魄和充沛的精力是无法完成采访任务的。

总之，高校图书馆应及时地调整人员结构，加强采访人员的教育与培训，让采访人员在掌握图书情报知识的基础上有良好的语言沟通能力，了解和掌握更多学科的知识，具备较高的思想素质、职业道德素质，有较强的事业心和责任心，有强健的体魄。只有这样，高校图书馆才能采购高质量、满足学校教学科研和读者需求的文献资料，从而提高自身的服务水平。

二、合理使用文献购置经费，加强使用效益评估分析

文献经费的多少决定着高校图书馆馆藏发展的规模、馆藏结构、资源类型和满足读者需求的程度。随着数字资源的急剧增加，服务网络化程度的不断提高，文献需求多元化等趋势的呈现，高校图书馆文献信息资源的结构也出现了变化，而高校图书馆的文献购置经费是有限的，面对众多的、复杂的、多学科、多载体的文献信息资源，高校图书馆需要设立合理的、适应本校实际情况的文献购置制度，让文献购置流程在计划下执行，减少和避免经费的浪费，同时又要购入能适应读者需求的文献信息资源。

每年高校的事业经费中都会列出图书馆的文献购置经费，高校图书馆应组织专门人员（一般由主管馆长、文献资源建设部主任、采访人员组成）制订年度文献购置经费使用计划，提交图书馆学术委员会审议通过后执行。

高校图书馆应该科学制定经费使用计划，做到有目的性和针对性。要主次分明、突出重点，应首先购置本校重点学科专业相关文献信息资源和紧缺的文献信息资源，又要保持各学科专业文献信息资源的均衡性。不但要购入纸质文献信息资源，还要注意是否有值得购入的电子资源，及时补充那些使用率高的资源，避免出现资源空缺的情况，高利用率资源的补充等，切实加强文献购置经费使用的力度和广度。

高校图书馆还应通过一系列使用效益评估和分析来界定其文献购置经费是否合理，并作出及时的调整和修改。计算经费的投入和产出效益是否在接受范围内，主动了解和掌握资金的流动方向。大部分高校的评估方法还是调查读者的满意程度，也有高校图书馆以文献采全率、采准率、流通率、专家评估法、电子资源使用量统计法等方法作为评估方法，但是由于采全率和采准率的实际操作性不强，简单的量化过程很难体现各项目标任务的价值及合理性，要做出精准的经费使用效益评估比较困难，为此，各高校

图书馆正在积极探索寻求更好的评估办法。

三、建立合理的藏书布局

随着高校办学条件的改善，许多高校图书馆或修建或改建或扩建了新馆，办馆环境得到了明显的改善，服务模式也发生了较大的变化，从以前的书库和阅览室分离、闭架阅览、限时开放跨越到了藏、借、阅一体化，全年全天候全方位开放的服务模式，大大增强了服务功能，优化了资源配置，提高了数字信息技术含量。

藏书布局影响着文献信息资源的使用效率，合理的藏书布局能够让读者高效、便捷地查阅自己需要的文献信息资源。将文献信息资源存放在合理的位置，建立功能合理、分类明确的书库，便于文献资源的保存和使用，从而建立合理又科学的藏书布局，进一步健全图书馆的服务功能。

合理的馆藏布局，应以学校的教学科研需求为基础，按学科门类、利用程度划分。按学科门类，一般分为马克思列宁主义毛泽东思想、哲学、社会科学、自然科学和综合性图书等五大类书库区。按利用程度，可分为流通馆藏区（又称一线书库区）、历史馆藏区（又称三线书库区）和剔除馆藏区，其中：流通馆藏区存放的是近几年出版、大多数读者需要、满足本校教学科研要求的文献资料，是高校图书馆馆藏文献的主体，一般根据《中国图书分类法》按学科分类排列；历史馆藏区存放的是出版时间比较长、少数读者需要、具有保存价值的专业文献资料，是高校图书馆馆藏文献的辅体，一般也是根据《中国图书分类法》按学科分类排列；剔除馆藏区存放的是已经老化或者接近老化、读者基本不利用的文献资料，该部分文献资料在适当的时候可以作剔除处理。在流通馆藏区，高校图书馆一般会设置参考书（又称保留本）阅览区、普通阅览区、特色资源阅览区、新书阅览区等，以方便读者查阅。

合理的馆藏布局，还应考虑高校读者的习惯和图书馆的管理效益。目前，高校图书馆为方便读者借阅通常有两种布局方式：一是将所有同一学科专业的中外文图书、期刊都存放在同一地点，二是将中外文图书、中外文期刊分别存放。两种方式各有其优缺点：前者有利于读者迅速查找到自己的专业资料，但不利于图书馆的资料管理，如交叉学科相关资料的存放地问题、图书馆工作人员的劳动强度问题等；后者有利于读者对相同载体资料的查阅，但不利于读者全面查找自己所需要的专业资料。

通过合理的馆藏布局，高校图书馆可以使利用率高的文献不致被淹没，老化的文献及时得到处理，从而满足了读者的需要和本校教学科研的需求，适应时代的发展。

第三节　高校图书馆文献信息资源的评价研究

一、高校图书馆馆藏信息资源评价的含义与作用

（一）高校图书馆馆藏信息资源评价的含义

曹作华对信息资源评价所下的定义，即"信息资源评价就是根据一定目标，系统地收集与信息资源体系相关的信息，通过分析解释，对信息资源客体的实用性和效益性做出客观的评价"。[①]具体而言，就是对图书馆的现有信息资源体系、运行状况、效果等各方面的属性进行衡量和检测，

[①]　曹作华. 图书馆信息资源建设与评价 [M]. 徐州：中国矿业大学出版社，2003：128.

做出价值判断的过程。通过这种检测和评估，反馈各种信息，从而为制定图书馆及其信息资源发展政策，提供客观依据。

李芳等认为网络环境下图书馆信息资源包括传统的纸文献资源和现代的电子资源，对馆藏信息资源的评价应该包含这两个层面。传统的纸质文献信息资源评价是对馆藏纸质文献信息资源（主要是图书和书刊）的数量、实用性、价值性等方面进行评估测量；电子信息资源的评估则是对图书馆的数据库、电子图书和电子期刊等资源进行综合分析和评价，评测出其价值。

虽然图书馆通常不具有电子资源的所有权，但对这些可以使用的电子资源，同样需要对其学术价值、使用价值、实际利用等方面进行综合评价。综上所述，馆藏信息资源评价主要考察图书馆信息资源的拥有情况以及读者对馆藏信息资源的获取和利用情况。[①]

总体来说，高校图书馆馆藏信息资源评价就是根据高校图书馆馆藏资源发展目标，对现有馆藏资源体系（包括印刷型信息资源、数字信息资源以及开放存取资源）的资源拥有情况和读者对馆藏信息资源的获取和利用情况所进行的综合评价。

（二）高校图书馆馆藏信息资源评价的作用

科学、有效地进行馆藏信息资源评价，是高校图书馆文献信息建设的重要内容之一。馆藏信息资源的评价结果能够让读者清晰认识到自己所需要的资源的信息，从而提高查阅和使用效率，提高了文献信息资源的利用率，进一步推动图书馆文献建设事业的健康长久发展，因此，对高校图书馆馆藏信息资源进行定期评价是图书馆工作中不可缺少的一个环节。

---

① 李芳. 学科信息资源建设方法 [M]. 上海：上海交通大学出版社，2012：150.

1. 达到对信息资源的有效利用，进而提高信息资源的利用率

帮助用户有效地认识、选择和利用有关的资源，是信息资源建设质量保障的前提。尽管大量的信息资源能够为用户获取信息提供有利的途径，但是，如何从这些资源中准确选择所需的信息并加以有效利用就成为用户面临的问题。通过对信息资源进行评价，可以提高信息资源的精准度和有用性，改善信息资源的品质，促进信息资源的优化和良性循环，从而达到对资源的有效利用。

只有对馆藏信息资源建设结构的合理性、系统性、连续性进行评价，才能全面了解体现在不同载体类型、不同学科内容、不同存取方式的图书馆馆藏信息资源能否在数量、内容和使用方式上相互补充，合理分配；采集、积累的信息资源是否系统、连续，主要在于系统、连续地采集和积累数字馆藏资源，才能保证其完整性和有效性，并且，只有采购到利用率高和用户重点需求的核心馆藏，才是提高资源利用率和用户满意度的根本途径。

2. 检验馆藏信息资源为学校教学、科研提供信息保障的能力

通过馆藏信息资源评价，可以从数量、质量和资源结构.上对馆藏资源进行全面、准确地把握，从而认清"家底"。表现在：一是可以有效检验现有馆藏体系中的重点馆藏、核心馆藏或特色资源是否得到应有的重视和一直保持入藏的连续性；二是可以有效检验现有馆藏体系中存在的不能满足用户需求的薄弱环节。通过认清"家底"，克服资源建设中的不足，才能有效提升为学校教学、科研服务的信息资源保障能力。

3. 为图书馆制定馆藏资源发展决策提供客观依据

第一，通过定期对微观信息资源配置的质量进行评价，可以有效检验信息资源采选方针、采选方式和采访信息源的适宜性，从而改进图书馆信息资源的采访工作。

第二，对高校图书馆的纸质文献信息资源和电子文献信息资源进行评估，可以查漏补缺，及时做出相应的调整，促进图书馆馆藏结构的优化和完善，让经费花在刀刃上，减少浪费。

第三，可以及时了解到广大读者对于图书馆文献信息资源的满意程度，评估文献资源是否能够满足不同受众的个性化需求，能够找出规律，有针对性和计划性地制定相关文献信息资源发展决策，从而更好地服务于用户。

第四，能够分析和评定出目前的文献信息资源库是否符合图书馆发展目标和任务，是否有特色和重点，以便及时调整相关政策。

第五，有助于协调与院系资料室乃至于与其他高校图书馆的信息资源共建共享水平以及图书馆整体服务水平的提高。

二、高校图书馆馆藏信息资源评价的不同类型

馆藏信息资源的评价根据不同的划分标准，可以划分出不同的类型。

（一）按质量要素分类

根据质量要素，信息资源评价可分为单要素质量评价、多要素质量评价、整体质量综合评价三种类型。

1. 单要素质量评价

即单项质量考评，是馆藏质量的某一个特定方面，比如某学科文献信息资源的利用率高低、用户的满意程度等。由于每一个质量评价要素代表了馆藏质量的某一方面，因此，可以将单个要素独立用作单项质量考评的标准。

2. 多要素质量评价

信息资源建设涉及图书馆自动化建设、网络化建设、文献资源建设、数字化信息资源建设等方面，而这些方面的质量保障又涉及多个评价要素。

这些质量要素的联合，构成信息资源建设评价的子系统，每个子系统又构成了局部质量评价的组合标准。

3. 整体质量综合评价

由于信息资源建设涉及信息收集、组织、整序、开发和管理等活动，系统以整体形式构成对用户信息需求评价的保障功能，其结构复杂，要素众多。要了解信息资源体系的状况、功能及其发挥情况，就需要进行整体质量的综合评价。综合评价对于指导馆藏发展规划和策略调整、文献经费预算和分配、馆藏发展过程控制以及信息资源保障能力的提高等具有不可替代的作用。但是，这种评价形式工作量大，实施难度也很高。

（二）按评价时间分类

根据时间要素，信息资源建设评价可被分为回顾性评价和现状评价两种类型。

1. 回顾性评价

回顾性评价是在历史资料的基础上，对单个馆在过去一段时间内馆藏建设质量所进行的比较性评价。这种评价可以从时间序列上揭示馆藏信息资源建设的发展过程，了解馆藏建设政策调整的力度和最佳质量点，为信息资源建设策略的制定提供历史性比较依据，从而有助于科学合理地规划与把握图书馆信息资源建设的方向。

2. 现状评价

现状评价即结合已定的馆藏文献信息资源质量综合评价体系，针对已有的馆藏进行现状评估和测定。现状评价结果能够揭示馆藏信息资源建设的现状，同时也能帮助为以后的发展规划提供参考价值和借鉴意义。

（三）按评价范围分类

根据评价范围要素，信息资源建设评价可分为微观评价、中观评价和宏观评价三种类型。

微观评价：微观评价一般是指对单个图书馆的信息资源建设质量评价。要对图书馆的基本活动单位的建设情况有所了解通常就会选择微观评价。

中观评价：中观评价是指地区性、行业性信息资源建设质量评价，它所反映的是地区、省、市或行业部门等中等范围内信息资源建设情况。

宏观评价：宏观评价是全国性的信息资源建设评价，可反映国家内整体信息资源共知、共建、共享的效果。就我国信息资源建设而言，宏观、中观、微观相当于三个不同的范围层次。信息资源共知、共建、共享的整体效应，依赖于这三个不同范围层次的相互支撑、相互协调、相互融合而得以实现。

三、高校图书馆馆藏信息资源评价的原则及流程

（一）高校图书馆馆藏信息资源评价的原则

1.整体性和系统性原则

高校图书馆文献信息资源馆藏评价要坚持整体性和系统性的原则。所谓整体性和系统性就是要在评价的过程综合考虑到整个数据库、不同用户需求，结合自身实际来对于各项因素进行评价，要纵观全局，不能只看某一个环节或者因素。每个方面的指标不该是分散的，要结合在一起，形成一个完整的、系统化的体系。从而减少或减轻评价人员的主观性对评价的影响。图书馆又是个复杂性的系统，其信息资源建设评价的目标是多元化的，既有效率目标，也有发展潜力目标。各种目标在发展过程中应该互相兼顾，所以要采用系统的方法，争取达到整体的最优效果

2. 指标可操作性与可比性相结合的原则

图书馆馆藏信息资源建设评价，必须具有可靠的资料来源。其资料来源可建立在现行图书馆指标体系的基础上，但又不能完全受其限制，还可根据需要增设新的调查项目。图书馆馆藏信息资源建设评价指标体系的设置要具有可测性，易于量化和获得，以便进行统计和处理。此外要注意最终得出的数据便于比较分析，具有可比性。[①]

3. 定量与定性指标相结合的原则

对高校图书馆文献信息资源进行评价是一个复杂的过程，对于一些难以量化的因素可以设置一定的权重值，把定性指标和定量指标结合在一起，定量分析一些特定指标的同时也能定性分析定量指标的数据。这种方法可以弥补各自的不足之处，达到较好的评价效果，近而能够客观地反映出高校图书馆信息资源建设质量的真实水平。

4. 静态与动态指标相结合的原则

图书馆馆藏信息资源建设评价指标以静态为主，以动态为辅。静态指标主要是反映图书馆某一时刻的状况，动态指标主要是反映图书馆某一时段变化的状况。评价图书馆既要看当前的总量，也要看发展速度。对起步较晚的数字图书馆，若以静态绝对值指标反映则会数值偏小；若以动态相对值指标反映则会数值偏大。因此，静态指标与动态指标必须兼顾，以静态指标为主。

5. 导向性与科学性原则

评价指标体系既能如实反映资源建设质量的真实水平，又要起到促进建设质量进一步提升的重要作用。从文献信息资源的现实情况出发，结合

---

① 吉汉强. 文献资源建设绩效评价指标体系构建的实践研究［J］. 图书馆建设，2011(4):26-30.

其发展趋势和发展方向，制定出具有导向性的评价体系。在指标体系的设计上，要遵循科学的原则，应从信息资源建设的通盘考虑，力求指标含义、统计口径等要有明确定义，数据要准确、全面、简明，能够度量和反映图书馆信息资源建设的价值取向、本质特征、发展现状和发展趋势，通过评价为图书馆信息资源建设指引方向。

（二）高校图书馆馆藏信息资源评价的流程

高校图书馆馆藏信息资源评价是一个循环往复、周而复始的过程，一个循环的结束是另一个循环的开始。首先，要提出馆藏信息资源评价要求是什么。评价要求不同组织评价专家组所选取的专家就不同。其次，评价专家组成立后，就要确定评价的对象是什么，评价的目标是什么。同一评价对象，如果评价目标不同，对评价的理解及所涉及的内容就可能有所不同，所建立的评价指标体系也会有所差异。评价指标体系建立后，就要收集相应的信息数据，选择合适的评价方法，然后进行评价实施。最后，通过评价分析获取评价结果，为信息资源建设提供最优建设方案和最新的决策依据，以便制定新的发展目标和发展策略，从而进入下一轮系统循环和评价过程中。信息资源评价的主体不仅仅是图书馆员、图书馆专家，更多地应是所有的读者和信息用户，评价对象应是所有的馆藏信息资源及信息资源对主体需求的效应关系。

随着电子资源、网络资源的不断涌现，图书馆服务理念的不断提升，馆藏信息资源评价的内容变得丰富而复杂，为此馆藏信息资源评价方法也应与之相适应，除了简单的定性和定量评价方法之外，定性与定量相结合的综合评价方法已被广泛应用于图书馆信息资源评价。传统的评价方法，如书目核对法和引文分析法，仍然是馆藏评价的重要工具。然而，为更全面系统地评价馆藏资源，特别是馆藏数字资源，用户调查法、多指标综合评分法、层次分析法、模糊综合评价法等现代评价方法，也运用于馆藏评价的研究与实践之中。下面分别介绍印刷型信息资源和数字信息资源的馆藏评价方法。

四、高校图书馆文献信息资源评价的方法

（一）印刷型馆藏信息资源评价方法

印刷型馆藏信息资源评价通常指传统意义上的馆藏评价，主要从馆藏数量、馆藏质量、馆藏结构和馆藏利用效能等方面进行，评价主要侧重于本馆馆藏体系的完整性、系统性和学术性。我国对馆藏评价的探索主要以理论研究为主，近年来借助图书馆集成系统的统计功能，从藏书结构、图书利用率等方面入手，在一定程度上推动了传统馆藏评价的实证性研究。

印刷型馆藏信息资源评价方法主要包括以下九种：

1. 自我评价法

自我评价法，每季度一次。自我评价法是高校图书馆有关管理人员对馆藏资源从不同侧面进行评价。包括：

（1）采访人员的评价：信息资源增长量是否科学、合理；信息资源文种结构、类型结构是否合理；信息资源的知识信息含量是否适合于高校办学的需要、信息资源出版时间是否较新等。

（2）流通人员的评价：读者对信息资源的利用率情况。如利用图书馆管理软件，统计某一段时间内图书的借还情况；期刊可利用复印登记作为利用依据。

（3）馆藏发展研究人员的评价：人均拥有的馆藏数量是否达标；信息资源的学科结构、专业文献与非专业文献的结构比例是否合理；文献覆

盖率和核心文献的占有率是否较高等。

2. 读者评价法

读者评价法，每个月一次。即通过网络调查、问卷发放或者口头访谈等方式来征求不同读者对于馆藏的不同意见，及时了解读者对于馆藏利用的相关建议、相关需求。图书馆应该积极主动地去与读者沟通交流，和读者之间形成相互联系地纽带，这样能够提高图书馆的服务水平，使其文献信息资源的利用更能贴合读者需求，更好地推动文献信息资源评价体系的健全发展。

3. 专家评议法

专家评议法，每两三年一次。它实际上是一种定性调查与评价的方法。专家评议法是一种采用规定的程序，由各学科专业领域的专家学者根据图书馆的方针和发展目标，对图书馆某一特定学科领域的信息资源进行调查和检验，依靠专家的知识和经验，通过综合分析研究，对特定学科的馆藏价值及其存在问题做出判断与评价的方法。专家评议法有集思广益的优点，有利于对图书馆馆藏做出综合评价，但在评议过程中，应注意屏蔽各种有可能导致评议结果失真的不利因素的产生，真正发挥专家评议的作用。

4. 统计分析法

统计分析法，每季度一次。这种方法是利用计算机技术来对图书馆文献信息资源馆藏各方面的数据进行分析，如馆藏文献信息数量、规模、利用率、流通率、拒借率等，根据统计出来的结果进行分析和评价。这种方式直观有效，从数据结果出发，能够针对不同结果从不同方面做出相应的调整和改进。这个方法也是图书馆中使用最广泛的方法。使用这种方法时数据更易于统计，因此可以每个季度统计一次（时间间隔再短，则差别不明显），以便根据统计结果改进馆藏资源建设工作和相关读者服务工作。

5. 书目核对法

书目核对法，每年一次。高校图书馆会选择一些标准馆藏目录来作为评价的参考，这个标准馆藏目录一般是核心书目或者具有权威性的书目，科学性较强。通过对比分析某学科领域文献书目与标准馆藏目录，可以核实出需要修改或者完善的部分。比如可以用《中文核心期刊要目总览》来对比查看本馆的期刊收录情况，找出缺少、遗漏的部分及时补充。书目核对法可以检查图书馆藏书结构是否合理、完整，以便及时修正次年的采访计划，调整不合理的藏书结构比例，有针对性地进行藏书补充。

6. 引文分析法

引文分析法，每两至三年一次。学术型论著一般都有许多注释，引文分析法就是利用查找注释的具体出处，来检查作者引用的参考文献是否被本馆收藏利用。但是并不是每一处注释的参考文献都需要查明使用情况，高校图书馆需要辨别出具有科学价值、有代表性和权威性的部分，且选出来的著作或论文应具有普遍意义，这才能让引文分析法有较高的可信度和科学性，从而能更好地评价图书馆馆藏文献信息资源的利用程度。因此，此方法比其他方法更具有针对性和灵活性，还可以用来确定本馆或某学科的核心书刊，它不仅能对过去情况进行检查，而且还可能借此测定未来的需求模式。

7. 馆藏结构分析法

馆藏结构分析法，每五年一次。高校图书馆每五年会全面分析其馆藏的学科专业、文种、类型、数量等方面，来查看其结构是否合理。馆藏结构分析法是一种综合的评价方法，要求进行多项统计分析、分析大量的数据，还要结合读者的需求来判断和评价其馆藏结构的合理程度。这种分析法工作量很大，程序较为复杂，而且对于高校图书馆来说，两三年内的藏书结构及读者需求结构通常变化不大，所以，建议五年评价一次为宜，具体可以视本馆的年进书量及其他特殊情况而定。

8. 评分法

评分法，每两三年一次。馆藏资源的评价比较复杂，单纯用某一种评价方法评价馆藏资源质量的高低难以准确、客观和全面，因此，可以考虑定性与定量相结合并用模糊数学、经济学等方法进行分析评价。如利用层次分析法，结合实际情况，构建指标体系，建立评价模型，采用定性和定量评价相结合的方法进行馆藏资源的评分。定性方法简单易行，适用性较强，有的因素难以量化时，可以采用定性评价法；定量评价法具有客观性、准确性，两种评价方法相结合进行评分可以互相取长补短，贴近客观实际。

9. 综合图书馆联机系统报告的方法

图书馆计算机管理系统能提供手工方式下难以获得的统计资料，尤其在描述藏书利用状况时特别有效。我国各高校图书馆利用来自汇文图书管理系统的流通数据，很容易确定新入藏的某一学科领域文献在当年入藏文献中所占流通比例以及每种文献借出数量，由此判断藏书是否供需平衡。这些数据还能够区分不同学科领域中的图书馆服务程度，为馆藏经费的分配提供参考。

评价纸质文献信息资源的方法和途径还是很多的，但是大部分方法都是只针对馆藏的某一个方面、某一个领域来进行评价，很难全方面地、系统地评价整个馆藏体系，因此要结合多种方法来进行纸质文献信息资源评价。

（二）数字馆藏信息资源评价方法

数字馆藏信息资源评价开始之初就借鉴了传统馆藏评价的经验，采用了定性和定量相结合的方法，来测评达到目标的程度。随着数字资源评价研究发文量的逐年增多，许多学者从不同的角度对数字资源评价方法进行研究，目前常用的方法有：层次分析法、德尔菲法、模糊综合评价法、文献计量法、横向比较分析法、纵向比较分析法、使用成本分析法、用户满意度分析法等。

1. 层次分析法

层次分析法（Analytic Hierarchy Process，AHP）是美国运筹学家托马斯·萨蒂（T.L.Saaty）教授于 1977 年在第一届国际数字建模会议上提出的一种定性与定量相结合的、系统化、层次化的分析方法。

层次分析法即把一个复杂的、系统的问题根据性质、目标的不同，按照一定的重要程度，分解成不同的组成因素，再根据各个因素的从属关系、重要程度等进行分类和重组，形成一个有序的层次结构。每个层次的重要性是不一样的，通过两个层次之间相互比较，再结合对客观现实的判断来用定量的方式反映不同层次中的元素，从而进一步建立一个判断矩阵。建立好了矩阵之后，运用数学计算来得出每个层次的矩阵中各项指标的相对重要性权数，最后再将这些权数排列组合得到整体指标的目标重要程度权数。

层次分析法的优点在于其简便、灵活、实用，又不失系统性，能对较为复杂、较为模糊的问题做出决策，特别适用于那些难于完全定量分析的问题。决策者可通过层次分析法将对问题的主观认知结构化、数字化、模型化，并将影响问题的定性和定量因素有机结合起来，用一种统一的方式进行处理，进一步研究问题系统各组成因素的相互关系，进行决策分析。层次分析法的缺点是该方法在很大程度上依赖于人的主观经验。虽然方法中运用了一致性检验，但只能排除思维过程中的严重非一致性，却无法排除决策者个人可能存在的片面性。

2. 网络计量评价法

网络计量评价法是指在网络环境中运用的文献计量、科学计量、信息计量等方法，对网上各种信息资源的组织、存储、分布、传递及相互引证等做出定量描述并进行统计分析。网络计量评价法较为客观，近年来的电子资源评价通常都包括以网络统计数据为基础的评价指标。通过对日志文件的统计分析，可揭示一段时间内服务器所接受的访问次数、用户浏览网站的过程，以及用户下载数据的情况，通过图书馆的统计系统来进行数据分析。目前我国图书馆在电子资源的购买途径上有较多选择，电子资源的访问方式也多种多样，有些可以直接访问，有些则需要代理服务器授权，如远程访问、本地镜像等。如果要在实际评价中运用网络计量评价法，需要在设计数据统计技术结构的时候更需要明确图书馆、供应商等收集用户利用信息的责任。

网络计量评价法从理论上讲，是一种系统、客观、规范的数量分析方法，评价结果相对客观，便于各图书馆之间做横向比较，是网络信息资源评价的一个重要发展方向。但在进行电子资源的评价时，该方法目前还存在许多问题，如数据信息的链接与引用的关系问题直接影响到各种定量指标数据捕捉的实时性、完整性和可靠性。

3. 用户满意度评价法

用户满意度是较为直观和简单的一种评价方法。电子资源服务的对象是图书馆用户，由用户来对电子信息资源的服务程度做出相应的评价，可以高效地了解电子信息资源的利用程度。一般可以采取线上和线下结合的方式来调查用户的满意度，如发放电子调查表及线上问卷调查等，或者可以直接面对面与图书馆用户进行交流，得到他们关于电子信息资源的意见反馈。可以从不同用户群体的口中了解对于电子信息资源建设的满意程度，最后达成一定的评价结论，做出结果分析报告。

用户满意度评价法实施起来比较轻松快捷，可以对电子资源进行某个方面的简单评价，如质量、数量和利用程度等，但如果要对电子资源进行一个全面的评价，采取用户满意度评价法就难以实现。因为电子数据库是一个十分庞大的系统，电子信息在类型、格式等方面的问题也是十分学术和专业的，用户并不关注和了解相关信息，所以无法全面了解电子信息资源建设中需要改善的地方。

4. 成本效益分析法

成本效益分析法的概念是由 19 世纪法国经济学家朱乐斯·帕帕特首次提出的，它是以经济学角度衡量资金投入的合理性，研究如何以较少的成本获得最大的效益，以便更好地对资源的配置进行优化。即从经济学的角度出发，研究如何合理投入使用资金，使其发挥最大价值。高校图书馆数字信息资源建设过程中坚持成本效益分析法，可以让管理阶层比较清楚直观地了解到投入的资金流动和使用情况，其经济收益是否在可接受范围内，从而来决定是否继续购买该数据库资源。成本效益分析法从两个方面来进行评估，即成本评估和效益评估，包括其投入的资金、成本如检索成本、网页维护成本、下载成本等。

第四章
高校图书馆建设的发展方向探析

第一节　高校图书馆的信息化建设

　　广泛运用的互联网和日新月异的计算机技术推动了图书馆信息化建设的发展。就现代高校图书馆开展信息化建设来说，并不仅仅是综合运用几种高科技技术，而是要从管理机制和人文环境等层面深入推动图书馆的信息化建设，让技术和机制相辅相成、相互推动。这些因素对图书馆信息化建设的发展起到了一定的约束作用，因此在设计时必须要将它们考虑在内。

一、高校图书馆信息化的主要内容

　　所谓图书馆信息化，指图书馆将现代信息技术和互联网技术的作用充分发挥出来，以信息社会的相关要求和需求作为依据，对图书馆馆藏的各种文献信息资源进行开发、管理和组织，将优质、高效的信息服务提供给图书馆用户。总体来说，现代信息服务市场化、文献资源信息化和服务手段现代化是图书馆信息化的主要内容。

（一）文献资源信息化

图书馆的网络化和自动化是文献资源信息化的重要内容。图书馆主要向读者和用户提供信息网络服务。从读者和用户层面来说，图书馆应推动各种联机信息检索系统的构建，将各种专题、各种学科的二次文献、分析预测报告、文献索引、市场调研报告、引文索引等检索资讯服务，包括各种软件库、影视资料和光盘数据库等多媒体文献信息、各种电子出版物的网上服务和收藏服务，迅速、高效、便捷提供给他们；就业务层面来说，图书馆应将包括馆藏目录、专题目录、期刊报纸文献目录、国家书目、联合目录和特殊文献目录等在内的各种书目系统的数据库建立起来，从而让图书馆之间实现自动化馆际互借、采购协调和联合编目等各种业务。

图书馆实现网络化和自动化的重点和核心在于数据库建设。而事实库、文献库和数值库共同构成数据库。建好数据库是图书馆的首要任务。图书馆要想将数据库建好，必须进一步规范使用检索语言、构建文献著录。数据库建好之后便能推动图书馆自动化的实现，之后才能在全国和各个地区的图书馆建立起信息检索系统，从而联结所有的图书馆，推动国家和地区信息网络的形成和发展，甚至与国际网络互联互通，在文献信息和其他书目上与国际图书馆加强互动。

（二）服务手段自动化

服务手段自动化是指充分利用现代信息技术，将更优质、便捷的服务提供给用户和读者。就图书馆个体来说，为了实现服务手段自动化，必须对包括光盘技术、网络技术、计算机技术、复制技术、办公自动化技术、声像技术等在内的信息技术分步骤、有重点、按计划地进行开发和利用。高校要不断提升图书馆设施的现代化程度和服务手段，如此才能推动文献资源信息化的实现。

（三）现代信息服务市场化

图书馆将信息产品提供给用户就是信息服务市场化。当市场中流通了信息产品，信息产品便具有商品的属性，也就拥有使用价值、交换价值和价值。信息作为一种具有价值的劳动产品，是信息工作人员通过自己的努力付出和辛勤劳动而获得的劳动结晶。使用价值是信息的最大功能，它也对信息产生的社会效益和经济效益起决定性作用。在市场经济环境中，信息工作人员与社会在信息方面的需求相结合，将信息产生出来并让用户的需求得到满足，在这个过程中，信息生产者的作用是对信息的价值进行创造，从而为信息需求者提供服务。可见，信息具有商品的基本属性，并且在市场中流通和其他信息进行交换，所以要以价值规律作为指导对信息产生的收入和利润进行获取。市场化是现代信息服务发展的必然趋势之一，要求对个人需求市场、领导决策需求市场、科研活动需求市场和企业需求市场等各种市场的特征进行认真分析和研究，大力开展包括调查研究、定题跟踪、信息咨询、科技成果查新、情报检索等在内的信息服务，推动经济效益的不断提升。

1.信息服务的内容及特点

图书馆信息服务主要由二次信息服务、联机检索服务、一次文献信息服务、零次文献信息服务四项基本内容构成。

图书馆信息服务主要包括以下特征：

全：拥有齐全的文献资料和宽广的信息范围。图书馆内珍藏了海量和丰富的文献资源，将古今中外人类文明的智慧结晶和文明都囊括其中，而且现代图书馆还充分利用信息技术建设情报网络，推动共享资源的实现。

快：快速为读者和用户提供信息服务。如今许多图书馆的管理与计算机技术相结合，读者利用检索终端便能对自己所需要的文献资源进行获取，还能享受到高效、便捷的借还办理服务。图书馆充分发挥了网络技术的作用，使读者在任何有网络的地方都可以对图书情报网进行浏览，对自己所需的信息进行获取。

新：拥有最新的信息内容。不断发展的计算机网络技术、现代通信技术推动情报部门和图书馆对信息进行传递和整理的速度。现代化图书馆在信息的新鲜性和快速性上的优势，是以往的图书馆无法望其项背的。

2. 信息服务水平的提高

要想提高图书馆的信息服务水平，就要开发利用好各种数据库资源和检索系统，跟踪服务好重点读者或用户，对服务举措进行改进和完善，推动一次文献服务质量和效果的不断提升。这些因素中，数据库资源的开发发挥着基础性作用，可以采取以下举措：首先，与图书馆馆藏的文献资源相结合，建立文献数据库和书目数据库，包括馆藏期刊篇名数据库、高水准的特色数据库、标准的书目数据库、外文会议文献数据库、专题文献知识信息单元数据库等；其次，要将网络资源的作用充分发挥出来；最后，要加强重视整理、传递、收集零次文献信息。

二、高校图书馆信息化建设的关键因素

图书馆的信息化建设应具备以下重要因素：

（一）内在动力：现代化先进意识

第一，要具有共享资源的意识。日新月异的科学技术推动着我国社会

信息化的建设进程，促进了我国信息基础结构和设施的不断完善，这是我国信息资源共享网络建设和实现的重要技术支撑。在图书馆领域，建设资源共享体系的重点集中体现在文献信息资源的系统理念和人人都可以平等使用文献信息资源的服务观念的进一步明晰。

第二，要具有改革创新意识。随着图书馆信息化建设的推进，新型的网络管理模式给传统的管理模式带来了巨大的冲击，主要体现在改变了图书馆以往的管理组织、管理方式和管理思想。知识共享和整体优化是网络管理模式的重点内容，这也表示，图书馆要想实施网络管理模式，就要以系统论的原则作为重要依据，合理组织对图书馆工作产生一定影响的各种要素，再建立竞争机制和激励机制，综合运用馆内每个工作人员的智慧、技能和知识，推动改革创新活动的开展。如今国内很多图书馆早已进行尝试并获得了一定成绩，比如，在改革机构设置方面使用大流通、大参考、大采编的举措，在改革人员分配制度方面应用竞争上岗和自由流通的方式。总而言之，图书馆在社会中的竞争力水平取决于改革创新的能力和意识。

第三，要具有信息意识。大多数人认为现代社会和现代经济的聚宝盆是信息服务。特别是目标站点和 ICP 等新型事物的产生，加剧了信息服务业的竞争程度。国内的图书馆都经过了多年的发展时间，在这个历程中，不同图书馆都拥有属于自己的读者群体、人才储备队伍、设备优势和资源特色，现在图书馆最大的问题是如何增强社会的信息意识，从以往为读者用户提供情报信息服务的功能转变成为读者用户提供信息咨询功能，将自身的教育职能充分发挥出来，推动全民意识的增强，让全社会在信息服务方面的需求不断提高、更加多样化。

第四，要具有市场经济意识。随着市场经济的发展，图书馆资源共享、信息服务的功能发生了改变，从以往的非利益性向基于市场原理互惠互利的关系转变，所以要在图书馆运营中灵活运用企业化的运营模式。如此一来，既能与企业形成良好的合作关系，让图书馆在资源和人才方面的优势与企业的资金优势、在信息方面的多样化需求相结合，取长补短，实现共赢；也能让图书馆紧紧跟随市场需求，结合自己的专业优势，将专业咨询服务提供给读者或用户，特别是根据企业的需求，大力开发和利用为企业提供服务的经济、新产品开发和商情的数据库。

第五，要具有人才意识。在信息化环境中，始终要把以人为本作为管理思想，并以此为指导推动新的管理方法、管理机制和组织结构的形成。在新时代背景下，人是图书馆文化的核心，只有实现图书馆持续发展和个人追求的有机融合，才能推动图书馆的长久兴旺。所以，图书馆要在社会宏观机制的约束下，对自身的微观机制进行改良，推动人才收入水平的提升，促进人才结构体系的建立和完善。

（二）物质保障：充裕的经费

软硬件为图书馆信息化建设提供了重要的技术支撑和设备支撑，在建设过程中，图书馆需要在很长一段时间内花费较大资金用来更新和维护软硬件。其中，国家投资是图书馆开展信息化建设的主要资金渠道。国家部分高校图书馆的信息化进程在"211"工程的实施下得到了突飞猛进的发展，这些院校充分利用"211"工程提供的上百万元拨款，购买拥有国际高超水准的图书馆信息管理系统软件，大力推动高科技的光盘网络系统、高速局域网络在图书馆内的建设和完善，这些为图书馆将以往的业务流程转变成集信息采集、加工、服务、传递于一体的信息中心管理模式提供了强有力的技术支撑和设备基础。图书馆还要将信息系统先进性和实用性之间的关系准确把握好，通过成本核算的方式推动最佳投资效益比的实现，还要让融资渠道更加多样化，向一些个人投资、金融机构或企业的投资积极争取，在互惠互利原则下，在图书馆信息化建设中将社会力量的作用充分发挥出来。

（三）持续发展的源泉：与时俱进的人才队伍建设

在如今的信息化社会，员工的专业素质和他们对知识技能的掌握程度是否与技术的更新变化保持一致决定了企业能否在市场竞争中保持一定优势。随着互联网时代的到来，技术更新的速度非常快，人们当下拥有的工作技能在半年到一年的时间内就会被市场淘汰，所以企业要在人才培养和进修方面加大力度。从教育内容来说，一方面要将人才的知识面不断延伸和拓展，尽可能多的开展中长期教育甚至是终生教育，推动人才专业学识水准的提高，显著提高他们的创新能力、创造性思维、解决实际问题能力；另一方面，要利用多样化的形式开展短期培训，让人才的专业知识不断更新，提高人才对瞬息万变的用户需求和市场的适应能力。从教育方式来说，不仅要开展以往常用的在职培训、脱产进修等线下培训方式，还可以利用互联网技术对网络教育模式进行应用，比如在线学习、远程教育等，这种线上培训方式的优势是成本低、投入少，可以与人才自身的需求相结合开展培训活动，最终推动图书馆朝着打造知识型组织、学习型组织的方向进行改变。

（四）根本要求：保证信息的完整性和有效性

就人类社会而言，互联网产生和广泛应用的最大作用和价值在于快速膨胀了信息资源，但是海量的信息资源质量参差不齐，缺少一定的针对性和精准性，这也导致用户获取自己所需信息的成本不断增加。人们需要花费大量的时间和精力阅读各种信息，从中寻找到自己所需要的信息。信息的完整性和有效性是信息提供给用户时产生的最大价值。为了实现这个目标，人们在这个过程中会利用许多通信渠道和技术工具，所以对各级信息服务商来说，他们发展成败的关键在于能否有效收集、传播、挖掘和整理信息。图书馆是重要的国家信息咨询机构，图书馆与自身丰富的馆藏资源相结合，充分利用先进的技术理论和技术手段，积极研究和实践信息资源的开发利用，将符合读者需求的专业化信息服务提供给读者，这才是图书馆的信息化建设。

数据库资源的建设是开发图书馆的重点和关键，图书馆开发要求数据库资源具备容易检索、可靠安全、规范分类、容易发展的特征，用户可以对信息进行准确处理、利用和获取，让信息的有效性和完整性得到保障。

（五）最终目的：信息服务社会化

用户的选择是信息服务的最终落脚点，图书馆要想提高自身在信息服务市场上的竞争力，将更多用户吸引过来，必须让用户的需求得到满足，拥有良好、可靠的信誉。图书馆要从服务方式的深度、服务层次的高度、服务内容的广度等三种维度着手，开展信息服务业务。从服务内容来说，图书馆可以利用更加主动化、个性化的服务方式，将互联网信息、数据库、二次文献、声像库、文摘、事实库、电子杂志、全文信息等多种类型的信息提供给读者。

第二节　高校图书馆的数字化建设

一、数字图书馆的基本认识

（一）数字图书馆的概念理解

随着信息技术的快速发展，人们对数字图书馆有了更为深入和广泛的认识与理解，同时，因为出发点和落脚点各不相同，关于数字图书馆究竟应该如何定义，也出现了很多不一样的说法。国际图书馆协会联合会（IFLA）关于数字图书馆的定义是：数字图书馆是高质量数字化馆藏的在线集聚，它的制作、收藏以及管理是根据被国际上普遍认可的馆藏发展原则进行的，其馆藏的开放方式是协调统一可持续的，同时，也会配套进行一些必要的服务，让读者能够对其资源进行借阅和使用。

另外，美国PITAC（总统信息技术咨询委员会）发布了一份报告《数字图书馆：获取人类知识的通用途径》，其中对数字图书馆进行了定义，认为数字图书馆是一种对人类知识进行获取的通用途径：在任何时间、任何地点，任何一个公民都可以通过连接了互联网的数字设备，对所有的人类知识进行搜寻和了解。借助互联网，人们可以对数字藏品进行访问，这些数字藏品的创建者既包括传统图书馆、档案馆、博物馆，也包括大学院校、专门组织、政府机构，甚至还包括来自全球各地的个人。这些由新的图书馆所提供的资料是数字版本的传统图书馆、档案馆、博物馆的馆藏资料，其中包括文本、文件、视频、声音及图像。通过其拥有的强大的技术实现的能力，用户能够对其查询功能进行改善，分析查询的结果，同时，为了方便交互，还能对信息的形式进行改变。高速网络的不断建设和发展，让来自不同数字图书馆群的用户之间也能协调一致共同工作，对各自的发现进行交流学习，并使用仿真环境、科学遥感仪器、流式音频和视频。无论这些数字信息的物理位置在哪，即不管在现实中它们存放在哪里，我们都能通过先进的搜索软件进行查找，并把它提供给所需的用户。在这样的美好设想之下，不管是任何个人还是群体，又或者是任何的教室，都能够对世界上的全部的知识资源进行了解学习。

关于数字图书馆的概念，并不能把它简单地看作是具有信息管理工具的数字收藏，从本质上而言，数字图书馆更应该是一种环境，它把收藏、服务和人结合在一起，对包括创造、传播、使用、保存的数据、信息甚至是知识的全部流程和过程进行支持。美国 ARL（研究图书馆协会）对目前流行的关于数字图书馆的各种定义进行了归纳，发现其中有五个共同要素：第一，数字图书馆并不是单一的实体；第二，数字图书馆的技术要求能够对很多的信息资源进行链接；第三，对于最终用户，多个信息机构和数字图书馆之间的链接是保持公开透明的；第四，其目标是能在全球范围内对数字图书馆和信息服务进行存取；第五，数字图书馆的馆藏内容包括但并不限于传统文献的数字化替代品，那些不能通过印刷来表示或者传播的数字化人造品也可以被数字图书馆收藏。

对于数字图书馆，主要有以下定义：

（1）所谓数字图书馆，是一个组织，该组织拥有一些相关资源，如专业人员等，在数字资源方面，该组织可以对其进行挑选、组织，并提供智能化的存取、翻译、传播，同时对资源的完整性和永存性，数字图书馆也会进行保证，从而让特定的用户和群体能够快速且经济地对这些数字资源进行利用。

（2）数字图书馆是用数字化的格式对信息进行存储，并提供通过网络进行存取的具有服务功能的一种整理过的信息收藏。在这个定义中，其重点是这些信息是经过整理的。

（3）数字图书馆可以通过电子的方式，对海量的多媒体信息进行存储，同时能够在其中对信息资源进行如插入、修改、删除、检索等高效的操作，同时，它还能对访问接口进行信息保护。并且它具有三个核心定位：首先，数字图书馆应当作为国家的一个数字文化平台；其次，它还应当成为国家的数字教育平台；最后，它也是一个国家的数字资源集合。

数字图书馆并不是简单地对传统图书馆进行数字化的结果，而是新时代、新背景之下，产生的一种全新的知识管理和服务体系，它具有信息化、数字化、网络化的特点，这种理念性的说明在现实中还存在以下问题：

首先，构建现代图书馆时经常涉及很多信息化的建设项目，因此在建设规划中经常将图书馆建设和数字图书馆建设相提并论，其中最具典范的便是国家图书馆二期工程与数字图书馆项目。这使普通读者很难区分两者之间的联系和区别，所以他们往往认为，数字图书馆是图书馆的功能部分，或者简单地理解数字图书馆就是图书馆楼宇信息化和自动化的业务流程。

其次，图书馆建设工程的数字图书馆建设通常不仅包括图书馆内部环境建设，还包括提供数字资源服务，以及将图书馆传统业务进行信息化改造等；但是，网络信息服务商（如谷歌）创建的数字图书馆项目通常只向用户提供数字资源服务，不涉及场馆与场馆信息化改造。即使都提供数字资源服务，网络信息服务商提供的数字资源服务的实际服务内容和服务方式与图书馆自主建设的数字图书馆仍有不同。这些差异通过上述数字图书馆的定义进行直接判断存在一定难度。

构建数字图书馆及其发展的过程需要一步一步实现，在不断变化和改进的过程中，我们对它的理解和认识水平逐渐提高，影响这个过程的因素还有社会经济水平、技术水平和人类的认知水平。所以，随着不断发展，会有一些阶段性的定义或名词，比如自动化图书馆、数字图书馆和最新的云图书馆等。

（二）数字图书馆的作用体现

随着信息技术、通信技术和网络技术等科学技术的不断发展，数字图书馆的建设也快速发展起来，这对一个组织、一个国家乃至整个世界都具有巨大的作用和影响。它的作用体现为以下几个方面：

第一，数字图书馆拥有海量的数字资源。在从传统图书馆转向数字图书馆的过程中，海量的资源被积累下来，为了保留资源一边后续更好地利用资源，将资源进行数字化是一种行之有效的手段。数字图书馆历经多年的发展和变化，积累了大量的数字资源，如卫星、遥感、地理、地质、测绘、气象、海洋等科技数据以及人口数据、经济统计数据等。数字图书馆的建设基本上始于数字资源中心的建设。数字图书馆的资源来源途径主要是将早期的纸质资源进行数字化。近些年来，网络技术快速发展和进步，数字图书馆中资源来源途径主要依靠电子出版物。当前，互联网成为数字图书馆数字资源的巨大来源，通过对网络资源进行处理和分类，越来越多的资源被收纳到数字图书馆中。数字图书馆需要先将资源进行数字化，通过不断扩充数字资源储备，用户可以通过网络享受到高质量的信息和知识服务。

第二，数字图书馆成为有益学习的教育平台。现代社会的工作和生活环境要求人们终身学习。然而，由于时间的限制，让每个人都回到大学是不现实的。在网络数字环境下，数字图书馆可发展为业余教育、在职教育乃至趣味教育的中心。人们通过数字图书馆的服务进行多种形式的学习和交流，从文化、休闲、娱乐的学习过程中提高素质，人们的生活越来越丰富，这也为全人类的进步和发展做出了贡献。

第三，数字图书馆是能够传承文化的平台。在对人类文明进行保存和传承方面，图书馆承担着重要的职责。在人类社会几千年的历史进程中，图书馆随着社会的进步而发展。在中国，图书馆的发展已有一百多年的历史，改革开放以来，我国逐步形成了较为完善的公共图书馆服务体系，为提高整个国民素质、促进社会文明进步发挥了重要作用，做出了巨大贡献。数字图书馆可以作为文化传承的平台，各种不同的文化可以通过数字图书馆进行扩展，通过互联网，人们可以更便捷地认识和学习其他国家的文化和历史；同时各个民族、各国文化可以以此作为工具平台进行不断传承和发展。这里面提到的文化平台具体包含图书馆、博物馆、档案馆、大学和政府部门提供的各种类型的文化资源。通过这个平台，人们可以轻松获取历史文化知识，不断增强民族认同感。通过这个平台，可以向其他国家展示我们经济、文化等多方面的发展水平，促进人类文明的不断进步和发展。

第四，数字图书馆是信息基础设施的重要部分。数字图书馆是建设国家新型信息基础设施的一项非常重要的组成部分，它已成为国际高新技术竞争的又一制高点。21 世纪以来，世界各国的文化与科技竞争激烈，数字图书馆的建设也是竞争的一个方面，这场比拼不仅是科技领域，还有文化和意识形态领域，此外，这也是知识经济时代的市场竞争。数字图书馆也是一个跨部门、跨行业的大型文化工程，因此，数字图书馆的建设一定要有政府的介入，进行统一的规划、组织和协调，同时，政府也应当给予资金和政策方面的支持和保障。另外，现在的电子时代是具有文化传统的，中国虽然是中华文明的发源地，有着源远流长的历史，但这并不意味着中国就一定能够成为全球最大的中文信息中心。对中国的数字图书馆工程进行建设，实际上，也是对中文因特网进行建设。在对中华文化进行继承和弘扬、力争在未来的全球性竞争中掌握主动权方面，这项工程是有十分重大的社会和经济意义的。

第五，数字图书馆是现代化图书馆发展的重要路径。随着计算机网络以及信息处理技术的飞速进步和发展，人们的学生、生活、工作乃至思维方式都发生了巨大的改变。信息处理技术的发展以及多媒体技术的出现和广泛应用，越来越多的文字、声音、图片、影像资料开始以数字的形式出现在大众的生活里，对社会的发展产生了重要的影响。越来越多的国家认识到，在增强综合国力、提升国际竞争力方面，信息发挥的重要作用，继而先后提出了建设"信息高速公路"的想法和计划，通过对信息网络的建立，对国家的创新和经济社会的发展进行支持，人类社会快步走进了信息化社会。

（三）数字图书馆与传统图书馆的区别

数字图书馆是以信息化思路为核心建设理念，以数字化服务为主要手段的网络信息服务体。它诞生于工业社会向信息社会转型的时期，并将在信息社会中承担重要的信息和知识服务功能。

第一，数字图书馆的服务内容，也就是信息本身以及信息服务必须是数字化的，而不仅仅是传统纸质书籍和借还书业务。这就意味着数字资源的收集和整理将是数字图书馆一切活动的前提，而基于传统介质的业务数字化改造，如 RFID、自助借还书系统、网络订阅和催还等服务，虽然也是信息技术应用成果，但是它们都不在数字图书馆的业务范围之内。

第二，在建设和服务理念方面，数字图书馆的先导思路一定是信息化思路，而不是试图将现有图书馆业务通过数字化形式来展现。虽然数字图书馆起源于人们对图书馆传统业务的改造，是图书馆在数字环境下的一种再现，但是数字世界有其自身的规律和特点，人们建设数字图书馆就要严格遵循信息时代的规则，而不是因循守旧于传统业务。比如在数字服务中使用"册"数来约束用户并发数量，虽然看起来是版权问题，但实质是传统业务理念和业务思维的制约所致，与信息化的思路格格不入。

第三，在工业社会向信息社会转型过程中，数字图书馆的状态也在不断地发展和变化，并随着不断进步的社会信息化而进步。数字图书馆的建设离不开其所处的社会信息化背景，不可能超越这一时代环境，直接实现理论上理想的知识服务。这主要不是技术层面的问题，而是涉及整个社会经济生活与人们的行为习惯。

关于数字图书馆与传统图书馆的差异，还有更为简洁的观点，即"数字图书馆不是图书馆"。按照这个观点的看法，我们现在使用的"数字图书馆"的名称来自英文"Digital Library"的直接翻译，在它的本意中，"Library"是以"库"这一含义被使用的，并不是我们常用的"图书馆"这一含义，但是因为人们在进行翻译时习惯性使用了"数字图书馆"这一译文，才一直流传并使用到现在的。数字图书馆会被叫作数字"图书馆"的原因，可能更多地只是作为一种比喻和借用，其主要是想指出在存储、传播知识方面，它的功能及作用和传统的图书馆很相似，但并不是说它确实就是传统意义上的图书馆。

（四）数字图书馆的主要特点

为了能够对数字图书馆进行更好地利用，我们要对数字图书馆的特点进行探讨。当前，受网络环境影响，数字图书馆主要有六个比较明显的特点。

1. 信息资源数字化

信息资源数字化是在内容方面数字图书馆所表现出的特点。和传统图书馆相比，数字图书馆最大的不同之处就是，数字图书馆的本质特征是其存储和传递的信息资源是数字化的。在数字图书馆中，信息的载体是数字，只有依附于数字，信息才能存在，如果没有数字化的信息资源，数字图书馆就是没有根的树木、没有源头的水。所以，在建设初期，数字图书馆的主要任务就是对资源进行数字化处理，只有在数字化的资源足够充足时，数字图书馆才有立足的根基，才能充分对各种技术手段进行利用，提供用户需要的服务。

2. 信息组织智能化

信息组织智能化是数字图书馆的结构特征。数字图书馆不仅仅能对信息进行组织和提供，同时，还是一个对信息的获取、传递、交流具有促进作用的知识网络，它能够为用户提供具有更高附加值的知识和进行知识导航服务。伴随着计算机和网络技术的不断发展和进步，数字图书馆将不断向智能化方向发展。

3. 信息内容动态化

信息内容动态化是数字图书馆的形式特征。在知识单元的基础之上，数字图书馆对各种信息载体和信息来源，包括图书、期刊、网页、数字库、多媒体资料等，进行有机组织和连接，将它们整合在一起，通过动态分布的方式给用户们提供需要的服务。

4. 信息服务网络化

以信息资源的数字化为基础，实现数字图书馆的建设主要需要依靠信息基础设施，而信息基础设施的建设则以网络为主，从服务范围来看，数字图书馆所的服务的范围是传统图书馆无法企及的。计算机网络能够有效地使分散在不同地方的网络资源连接到一起，并通过网络方式，对这些资源进行分布式的管理以及存取，只要所在的地方有网络，用户就能够通过多种不同的方式自由、便捷地获取自己需要的信息，而不受到时间和地点的制约。网络化技术的不断发展，使数字图书馆的无缝服务变得更加便捷，在任何时间、任何地点，数字图书馆都可以为任何人提供他们需要的服务。

5. 信息利用共享化

在数字图书馆的信息利用方面，以数字化和网络化基础，又呈现出了无限性特征，即资源和服务的跨地域、跨行业无限性。此外，在资源共建方面，呈现出跨地域、跨国界的协作化特征，在资源共享方面也呈现出便捷性的特征。如此众多的图书馆能够通过网络对各种数字信息进行获取，对用户日益增长的信息需求进行满足，主要就得益于信息传递的网络化。就技术上而言，世界各地的人们都可以通过互联网访问任何一个数字图书馆，对其信息资源进行权限内的自由使用。这种使用不受地理位置和时间的影响，使数字图书馆真正实现了信息资源在全球范围内的充分共享。

6. 信息服务知识化

知识服务能够提供给用户有用的信息和知识，有一个重要的基础是通过互联网进行信息的搜索和查询。通常来讲，知识服务可以提供的种类很多，既包括新闻摘要、论坛服务、网站排名、博客搜索、问答式检索等基础功能，也包括情感计算、热点发现、信息分类、聚类搜索、倾向性分析等高级功能。关于知识服务和知识管理的概念，其提出和发展与技术的发展与进步息息相关，其内涵也一直处于发展变化的状态。知识服务是一种关于认识和组织服务的观念，而从观念上来看，知识服务和传统的信息服务在表现上的不同主要有以下方面：

（1）在传统的信息服务中，基点、重点以及终点都是信息资源的获取，而知识服务则与之不同，它的驱动力是用户目标。知识服务所关注的重点和其最终的评价是"通过我的服务是否使您的问题得到了解决"，而不是"我是否为您提供了需要的信息"。

（2）对于传统信息服务而言，它主要是通过用户的简单提问和从文献中进行物理获取的一种服务，而知识服务则不同，它是一种基于逻辑获取的服务。知识服务面向的对象是知识内容，对于用户的需求分析较为重视，它会根据问题和问题产生的环境来对用户的需求进行分析确定，通过对信息进行析取和重组，最终形成一个符合用户需要的知识产品，同时，它还能评价知识产品的质量。

（3）传统的信息服务主要是对具体的信息、数字和文献进行提供，则知识服务并不满足于此，它的服务是要提供解决方案的。信息和知识的作用，主要就表现在能够对解决方案的提出做出贡献，因此知识服务的关心重点和致力方向一直是如何帮用户找到或者形成合适的解决方案。因为知识服务所围绕的重点是形成和完善解决方案，而在形成解决方案的这个过程中，我们需要对信息和知识进行不断地查询、分析、组织，因此知识服务和传统信息服务表现出很大的不同。

（4）传统的信息服务是基于固有的过程或固有的内容进行的，而知识服务却是贯穿用户解决问题这一工程的全过程的。知识服务是按照用户的要求，动态、连续地组织服务，在用户对知识进行捕获、分析、重组、应用的全过程中，它都是存在的。

（5）知识服务关注和强调的是，在为用户解决那些其他知识和能力不能解决的问题时，如何使自己独特的知识和能力得到充分利用，如何对现成的文献进行加工，从而形成具有独特价值的新的信息产品，因此知识服务是一种面向增值服务的服务，它希望自身价值的实现不仅仅是基于资源占有、规模生产等方式，而是能够通过知识和专业能力为用户创造出价值。它希望对用户的知识应用和知识创新效率进行提升进而实现其价值，它希望通过对用户过程最可能部分和关键部分的直接介入来使价值得到提高，让自己的产品或者服务成为用户心中的核心部分之一。

二、高校图书馆实现数字化的条件

高校图书馆数字化建设和目标的实现必须具备以下条件：

第一，向决策层争取更多的支持。图书馆领域要对图书馆数字化的建设情况和进展进行大力宣传，让决策层对图书馆数字化的重要作用和价值形成充分认识。

第二，将现有设备的作用充分发挥出来。图书馆要充分利用自己拥有的设备，实现设备价值和功能的最大化，防止发生设备资源浪费的问题。

第三，合理使用经费，推动图书馆数字化信息馆藏比例的不断增加。

第四，推动改造和建设信息基础实施速度的加快，我国在信息基础建设方面要提高速度，将有利于多媒体传输的高速宽带网快速建设起来，最终实现信息传输速度的提升。

第五，馆员专业素养提高，特别是馆员在网络技术、计算机技术方面拥有更高的理论知识水平和应用能力。图书馆可以利用对计算机技术人才进行引进、对在职人员加大培训力度的方式，不断改善图书馆馆员的人才结构。

第六，对用户加强培训力度，让上网费用不断降低。图书情报机构要采用多种方法，针对用户开展形式多样化的培训，从而提高用户的信息获取能力。

第七，国际信息交流与合作的增强。各个国家之间可以针对信息版权保护签订友好合作的协议，并对有偿使用信息的法律法规进行制定和出台，让信息流通更加规范。

图书馆还可以通过并行"自建"和"引进"等举措的方式，大力推动数字化资源的建设，对国内外多种类型的学术数据库积极引进和利用。还可以对以网络数据库系统为基础的多媒体数据库进行开发利用，为师生提供丰富的视听资源，还可以将动态化的随书光盘上网服务提供给师生和读者用户。

现代图书馆的馆员要树立不断学习、终身学习的观念，与时俱进，对新的技术和知识进行学习和掌握，不断更新自己的专业知识和技术，推动自身加工、输出、吸收和处理信息能力的提高，还要扮演好信息导航员的角色。馆员要关注读者用户的需求，不仅要把读者需要的文本文献提供给他们，还要利用整理和筛选的方式从变化快的海量信息中找到读者所需的信息。随着互联网的广泛应用，信息资源可以在全球范围内进行共享，只是网上更多的是英语语言形式的信息，如果馆员看不懂英文就无法帮读者将信息整理好。所以，馆员还必须具备一定的英语阅读能力。

第三节　高校图书馆的网络化建设

一、高校图书馆网络信息的需求与服务

高校图书馆的网络建设受起源、归属及建设目的等因素的影响表现出多重性，这种多重性不仅体现在层次关系上，如中国教育科研网和校园网

等这种上下层次的关系；还体现在并列关系上，如国内四大计算机信息网等。21世纪高校图书馆的网络环境与网络建设一样表现出多重性，从地域关系上划分，高校馆的网络环境具体包括因特网、校园网在内的大、中、小三重环境，首先，因特网作为大环境起着中流砥柱的作用，而校园网作为中、小环境构成了高校图书馆网络环境的主体；其次，基于这三重网络环境的独特优势，其在高校图书馆建设中发挥着重要的作用。

（一）校园网环境

作为高校最基本的网络环境，校园网与高校图书馆之间有着直接的、交互式的联系，高校图书馆计算机信息服务系统作为校园网的子网，一方面构成了校园网必不可少的一部分，另一方面也影响着校园网的建设。

校园网环境不仅能为用户提供诸如远程登录、电子邮件等基本网络服务，同时用户还可借助校园网实现超级计算、信息管理服务等。其中，信息管理服务主要是为用户提供一些基础信息，包括校园一般信息、图书馆信息等，而图书馆信息又包括多方面的内容，如组织结构、服务项目、馆员职责、借阅规则、目录组织、检索指南及馆藏电子文献等。

信息管理服务作为校园网的主要功能之一，相比于其他服务内容来说，这一服务是占比最大的，而在信息管理服务中，图书馆信息受到了众多校园网用户的关注，其中馆藏书目及馆藏电子文献是校园网用户最常查询的信息。高校图书馆作为校内最大的信息中心，其不仅构成了高校校园网环境的主体，还承担着最主要的信息服务工作，相比于校园网络中心提供的技术性服务，高校图书馆的信息服务功能更受用户的青睐。因此，在实际的高校信息中心建设过程中，为避免重复性，通常情况下会选择建设图书馆而不是校园网络中心。这不仅体现了高校信息中心建设的合理性，同时对规模较小的高校来说，建设图书馆可谓是最佳的选择。

（二）中国教育科研网环境

1994 年，我国开始筹建教育科研网，截至目前，各级网络中心和主干网的建设已经完工，在接通互联网的基础上并入了绝大多数的校园网。中国教育科研网作为高校馆的第二重网络环境，其是一种连接我国各高校校园网的网络，从层次结构上来说，中国教育科研网主要包括全国网络中心、地区网络中心、省市网络中心及校园网等。

作为一种连接全国校园网的网络，中国教育科研网实现了各高校图书馆的融合，在此基础上，各个图书馆不仅能在网上互相查询馆藏数目信息、共享电子文献，还可以开展一些合作类的业务，如馆际采访协调、联合编目及馆际互借等。中国教育科研网不仅实现了全国及各地区的数据库共享，还为用户提供了更简便、快捷的信息查询工具。基于中国教育科研网，国家教委建立了以文理、工程技术、农林及医药为中心的中国高等学校文献信息服务系统，简称 CALIS，这一系统不仅涵盖了若干个学科中心，同时将全国高校服务的一次文献资源融合在一起，并根据统一的标准和要求进行整理、加工，以建立书目数据库，如二次文献数据库、联合目录数据库等，进而为用户提供网络服务。作为一个文献信息保障系统，CALIS 不仅实现了文献分藏、服务统一，还为用户提供了更多的网络服务，在 CALIS 环境下，用户的信息满足率能达到90%以上，因此，其构成了高校信息服务的中心。

（三）因特网环境

因特网是我国高校的大网络环境，高校图书馆在进入互联网时一方面可借助本馆的计算机信息系统，另一方面还可通过校园网或中国科研网等方式接入网络。

作为大网络环境，因特网中的文献资源主要包括以下四类：

第一，图书馆目录。在因特网中，用户可查询到的馆藏目录来源于全球六百多所的著名公共图书馆及四百多个学术机构，对外开放的图书馆分布近百个国家和地区，可检图书馆目录高达几千个。

第二，参考工具书。牛津词典、哥伦比亚百科全书及大学指南等都是因特网可供查询的工具书。此外还包括一些手册、书目、期刊索引等。

第三，全文资料。目前有一部分大学正在建立数字化馆藏图书馆，如中国国家图书馆、上海交通大学图书馆等，其通过将全部馆藏数字化，以为因特网提供资源库数据，其中，因特网上的全文资料主要有图书、论文、期刊及政府出版物等。

第四，其他形式文献。其他形式文献主要指因特网上提供的一些免费的计算机软件等。

基于因特网品种多且数量大的文献特点，高校图书馆在建设过程中应充分发挥因特网的优势，在积极开发网络资源的同时将本馆内的馆藏目录和馆藏文献数字化，以构建新型的高校图书馆，更好的展示本馆的馆藏特色。因特网的内容在许多方面已超出 CER– NET 的范围，是任何一个高校图书馆所不能比拟的，因此，各高校应以一种积极的态度参与因特网文献资源的建设，在开发因特网应用软件的同时促进本馆的发展。

二、高校图书馆网络化建设的实施

随着科学技术的飞速发展，网络技术已经渗透到千家万户，其不仅影响了人们生活的各个方面，同时以因特网为基础的信息网络建设更是改变了人们的生活方式。对我国高校图书馆来说，信息网络建设已经成为必然。自动化和网络服务是高校图书馆网络建设的根本理念，借助现有的网络技

术和资源状况构建高校图书馆网站是图书馆建设的首要工作。此外，馆员
的素质及图书馆的服务质量是影响图书馆网络化建设的重要因素，提高馆
员素质、为用户提供更为高效、便捷的网络服务是目前高效图书馆网络化
建设所面临的主要问题。

（一）网络化图书馆信息资源的构成

1. 信息资源的概念

网络图书馆包括电子图书馆和数字图书馆，其作为一种网络信息化的
服务平台，不仅能为用户提供广泛的信息资源，同时还可实现电子信息服
务共享。具体来说，网络化的图书馆是基于图书馆工作及服务环节的计算
机化和网络化而建立的数字图书馆，其最终的目的是要构建网络库，以为
平台用户提供可视化的信息资源。

广义的信息资源指多种形式的运营商文献资料，信息活动中的基础信
息、技术信息、设备信息及资金和人的信息等都构成了信息资源的要素。

狭义的信息资源则指信息内容，通过整理、加工、处理等方式提炼出
有价值的数据资源，在充分发挥信息效用、实现信息价值的基础上满足网
络用户的需求。

通常情况下，网络化的图书馆信息资源主要指广义上的信息资源。图
书馆的实体馆藏资源和网络上的信息资源构成网络信息资源库的两大主要
来源。

2. 图书馆信息资源网络化的特点

图书馆信息资源网络化主要是指用户借助共享信息和网络检索，不仅
能查阅到本馆的馆藏信息，同时还可阅览其他服务器上的文献资料。基于
网络环境，图书馆在不同的发展时期有着不同的信息资源。在 PCLAN 阶段，

图书馆馆藏的信息资源主要以印刷品为主，随着数字化和网络化的不断发展，出现了馆藏书目数据库、流通量数据库及读者信息数据库等，在这一阶段，馆藏的信息资源主要以电子文献为主。

图书馆信息资源网络化不仅丰富了文献资源的载体形式，使之呈现出多样化的趋势，同时还改变了文献组成的比例，相比于传统印刷文字，数字化采集的电子文档逐渐呈上升趋势。网络信息资源库具有以下特点：一是电子文献的利用率不断上升；二是文献信息的来源包括本地信息和异地信息的集合；三是信息服务的功能更加多样化，相比于单一的传统服务，在网络环境下，多样化的电子文献极大地提高了信息服务的效率，同时高效的电子文献也满足了用户更多的服务需求。

3. 现实馆藏和虚拟馆藏的突出特征

在网络化的大环境下，现实馆藏和虚拟馆藏逐渐融为一体，表现为不可分割的两部分，其特点主要体现在以下三个方面：

（1）借助互联网，现实馆藏和虚拟馆藏实现了互利性。图书馆的网络化使得本馆的文献资源也可作为兄弟院校图书馆的虚拟资源，但是资源的更新、修改、使用和配置的权限只能由本馆支配。

（2）虚拟馆藏可实现文献资源的网络共享，但不具备更新资源、修改资源和支配资源的权限。

（3）现实馆藏来源于本单位和本地的馆藏资源，可直接被用户所使用，而虚拟馆藏则是利用其他单位和其他地区的馆藏资源，本地用户要想使用虚拟馆藏，就需要进行申请或借用，因此从这一层面来讲，虚拟馆藏具备一定的间接性。

（二）网络化图书馆所具备的优势

1. 与传统图书馆相比较

相比于传统图书馆，网络化的图书馆不论是在信息的收集、加工及处理方式上还是在资源的种类及数量上都具有不可替代的优势，资源传输方式的转变及存储的多元化不仅将更多地区的馆藏资源相互融合在一起，同时数字化的网络资源也为用户提供了更多的服务，分散在不同地点的用户可借助互联网实现其他终端的资源查阅。

网络环境下，图书馆收藏的书籍不再是有限的，用户可通过互联网查阅由世界各地共享的在线文档。此外，网络环境下的图书馆资源也不再限制开放的时间和地点，用户可随时随地借助互联网查询其所需的文献资料，这在一定程度上提高了图书馆的访问次数。

2. 图书馆网络化提高资源利用率

图书馆的网络化一方面体现了信息服务手段的根本性变化，另一方面加快了数据运行的效率，贯穿了整个图书馆的共享库。相比于传统手工式服务周期长、效性差来说，网络化的图书馆极大地提高了资源的利用率，被广大读者所接受。

首先，网络环境下出现的先进工具不仅可实现多种语言的相互转换，如将外国文字翻译成中文，还可以为用户提供更便利的信息查询手段，方便用户的使用；其次，网络化的图书馆真正实现了信息资源的共享和集合，借助互联网，图书馆信息不仅可实现远程传递的功能，同时还能有效的辨别网络信息的价值含量，解决了有限的读取时间和无限数量的信息之间的矛盾，不仅提升了图书馆的服务质量，同时还使图书馆的管理变得更加高效和简便，进一步强化了图书馆的服务意识。

（三）网络化图书馆现实馆藏的组织管理

基于不同的科学分类建立不同的目录体系是传统图书馆文献信息的主要组织方式。而在互联网环境下，图书馆信息资源逐步数字化、网络化，因此，建立一个完整的馆藏数据资源库是网络化图书馆必须具备基本组织形式。数据库的建立主要有以下三种方式：一是图书馆自行建立书目、信息数据库；二是通过购买，获取完善的书目数据集记录；三是在购置的标准化书目的基础上进行自建，自建的主要对象是一些不达标的书目。图书馆网络数字信息资源的管理主要是依赖先进的图书管理软件，一方面简化了诸如编目、流通等日常工作流程，另一方面图书馆管理软件具备的统计分析功能更是为管理人员进行针对性的调查研究提供了极大的便利。借助管理软件，图书管理人员可掌握书籍的流通性，进而了解用户的需要和喜好，为购买书籍、优化图书结构提供了有效的参考数据。在高校图书馆中引入计算机管理软件，不仅为学生提供了更为便利的信息检索工具，同时也为高校图书馆的信息整合提供了技术支持，实现了大范围的信息共享。

第五章
高校图书馆智慧服务运行及提升策略

第一节　高校图书馆智慧服务的意义解读

网络新时代下信息技术的高速发展和持续创新推动社会各行各业走向深度数字化的快车道，高校智慧图书馆正是其中之一。高校作为高素质人才成长的摇篮，其兼具高素质人才培养和深度科学研究的双重重任，因此高校智慧图书馆的建立在高校教学和科研两方面都至关重要。如果图书馆不能够与教师教学和科研相互促进，共同发展，则会制约高校教学和科研活动的进行，影响教学质量和科研质量。在网络新时代的召唤下，高校智慧图书馆更应该充分利用互联网思维，以信息技术为依托，以智慧服务为内容打造智慧图书馆，构建健康、文明、和谐、共享的图书馆数字服务生态环境，推进高校智慧图书馆的智慧服务更上一层楼。

一、智慧时代的到来

随着科技的不断进步，智慧时代也正在悄无声息地到来。智慧时代实质上是指在传统智慧基础上融入高新技术的新时代，除了融入众多高新技术，还囊括人文科学、社会心理、新发展理念等一系列新内容。智慧时代的到来将为人类带来极大的便利。

在深入理解智慧时代的过程中，不仅需要深刻剖析智慧时代的内涵，还需要结合当今社会的实际情况，确立切实可行的发展理念。

第一，确立以人为中心的发展理念，促进人的全面发展。智慧时代的核心是人，并非技术。人的智慧才是智慧时代的坚实基础，这是任何技术都无法替代的，因此注重人的发展理念对于推进智慧时代具有重要意义。

第二，充分发挥技术优势，造福人类。技术只能作为服务人类、帮助人类的工具，并不能代替人的智慧，在物联网、人工智能普及的新时代，人类不仅需要理论联系实际，还需要在实践中延伸智慧。在万物互联的世界中，不同的物质主体建立起了密切的联系，这也意味着社会的关系网络会变得越来越敏感。IBM 提出了一系列有关智慧地球的主题，不仅针对医疗救助，还涉及社会保障、基础设施建设等内容，可谓是覆盖了人们生活的方方面面，将人类智慧渗透进社会的各个领域。

第三，关注并且尽可能满足人们的需求，发挥智慧时代的价值。尊重人性已经成为智慧时代的一大特征，将人对自由的向往变为现实，这不仅存在于管理行业，社会其他领域也如此。在智慧时代中，更重视品质以及用户体验，产品的研发以及服务的改善都要将用户作为出发点，社会服务也会逐步向多元化、专业化、个性化方向迈进，用户的满意度对于技术提升显得尤为重要。

第四，智慧时代不同于其他时代，这是一个自由、平等、发展、创新、文明、和谐的时代，新的社会形态赋予了新的时代内涵。我们可以将智慧时代视为一个有机整体，各行各业之间的界限也会随之被打破，社会各个领域会相互协作、相互促进，最终实现社会范围内的信息覆盖、资源共享。

智慧时代也会增添众多创新、智能元素，用户参与、用户满意度均会成为智慧时代的重要衡量指标。传统时代与智慧时代最大的不同就在于，智慧时代冲破了传统时代对人性的束缚，更能满足大众的需求，呈现出一幅团结、友爱、和谐、民主的社会景象。

二、高校图书馆智慧服务的内涵阐释

网络新时代，信息技术得到了长足发展，高校图书馆的服务职能从原来为人找书和为书找人等升级成为数据资源急速扩张的数据服务中心，其服务手段、服务内容和服务形式都发生了根本性变化。高校智慧图书馆的智慧服务主要是指在对多维数据进行综合分析处理的基础之上为用户提供个性化、特色化和多样化的智慧服务，其在技术上要以大数据与云计算等网络技术为支撑，在内容上要以自身资源为依托，在服务上要为高校老师和学生的该用户提供相应的数据管理、存储、发布和处理等一体化服务。简而言之，网络新时代下高校智慧图书馆的智慧服务涉及图书馆服务资源的引进和拓展，以及为用户提供智慧化的服务内容。

三、高校图书馆智慧服务创新发展的现实需要

国家对智慧图书馆的服务和管理提出了更高的要求：首先要能够持续解决高校智慧图书馆服务领域发展不充分的问题，推动高校图书馆智慧服务的高质量发展；其次要能够推动高校图书馆的文化服务体系的全面建立，从而实现高校图书馆文化治理体系的现代化；最后是要为 2035 的远景目标"全程智慧图书馆"的建立打好开局：以互联网为依托建设标准化的硬件平台和开放互联的软件平台，同时做好自身资源规划，建立以高度共享为目标的资源服务体系和覆盖全媒体的高校智慧图书馆服务平台，最后以高校智慧图书馆的建设为引领建设基于大数据和云计算以及 AI 互动技术

的图书馆标准规范体系，并最终实现高度集成的智慧图书馆的服务工作管理平台的建立，进一步推进新时代下高校智慧图书馆的智慧服务工作的创新发展。

"智慧服务"是基于高校智慧图书馆提出的新的具有战略性地位的新理念，引导数字资源在高校图书馆的全面渗透，并实现高校智慧图书馆服务的升级。未来一段时间里，智慧服务将成为高校智慧图书馆效能持续增长的动力源和增长极，从而实现高校智慧图书馆的服务创新，打造智慧服务创新、发展和管理的生态圈，推动以智慧服务的建立和发展为目标的智慧图书馆的高质量创新发展。

四、信息环境与信息技术发展的必然要求

（一）信息环境发展的必然要求

信息环境的不断更新和数字时代的到来，为高校智慧图书馆的信息服务提供了新的机遇，同时也提出了新的要求。在通信宽带全面升级的大环境下，信息的产生、传播和管理都发生了翻天覆地的变化，数据资源的几何级增长对于智慧图书馆来说是优势，但同时也会冲击智慧图书馆的创新发展，这就要求智慧图书馆在智慧服务方面要向着更深层次的个性化、多样化、定制化发展，为高校学生和老师等用户提供更为贴合的目标，以教师为例，在科研方面能够根据教师的科研进展提供相应的精准推送，提高教师教研效率的同时，提升智慧图书馆的服务效率和服务内容，同时还可以根据自身资源进行数据资源整合为教研人员、教师、学生等主要用户提供一站式的定制化服务。

另外，科学技术和互联网的高速发展使得各学科之间的数据分析和处理实现了交叉融合，而高校图书馆作为科研成果产生、传播和管理的主要

平台，其更要以智慧服务为目标，占据数据管理和服务的主阵地，以智慧服务为目标，以信息技术为助力打造更具有战略意义的高校智慧图书馆服务平台，从而真正做到以自身资源为依托整合更多行业和领域的资源，营造以数据共享和数据创新为目标的数据智慧服务生态圈，为目标客户提供更为契合的个性化多样化的智慧服务。最后信息环境的变化还体现在万物互联方面，物联网的发展和智能识别、AI 互动等智能技术的深度和广泛应用为智慧图书馆的智慧服务的进一步发展提供了可能。近年来云计算、5G 智能等移动通信技术得到了长足的发展，带动移动终端设备的各项功能的不断实现为图书馆的智慧服务提供了技术和场景支持，最近颇为流行的云图书馆、数字图书馆就是其中的翘楚。可以说网络新时代下的信息环境发展要求高校智慧图书馆必须要顺应时代潮流提供更具个性化的全方位的智慧服务才能做时代的弄潮儿，实现转型升级，创新发展。

（二）信息技术发展的必然要求

网络新时代下信息技术的不断突破带来的是图书馆创新发展的技术革命，实现了图书馆从藏书楼到数字存储的技术变革，开始图书馆智慧服务的新纪元，为智慧图书馆的建立提供了技术支持，带领图书馆实现自身资源存储和信息资源生产、存储、管理和共享的腾飞；同时信息技术的高速创新发展和大数据、云计算等广泛应用进一步推动高校图书馆信息资源整合，在打破时间和空间限制的同时，实现高校图书馆为用户提供一站式的个性化、多样化、定制化的服务提供了技术支撑，开启高校智慧图书馆智慧服务新时代。

网络新时代下信息技术融合发展，并最终聚沙成塔，成为涉及社会各方面的万物互联，实现现实世界和数字世界的无缝衔接，颠覆传统观念的同时彻底改变人们的生产和生活方式，催生以信息技术为依托的新业态新模式的发展。高校图书馆也不例外，信息技术的发展将打破高校智慧图书馆的服务边界，实现从为人找书到个性化一站式服务的跨越式发展。

第二节　高校图书馆智慧服务的运行状况

一、高校图书馆自身数据资源不足

以高校图书馆为依托，做好科研、培养高素质人才是数字强国建设的基础。虽然近年来高校图书馆得到了长足发展，但是因为其自身数据资源不足，已经开始成为制约高校智慧图书馆发展的因素之一。随着科学技术的不断发展和知识的爆炸式增长，读者对于信息的需求出现了指数级的增长，人们日益增长的美好生活需要高校图书馆提供高质量的文献资料、学术资料，而且随着经济的高速发展，图书等数据资源的价格也在不断攀升，高校图书馆在建设方面没有跟上时代的步伐，其经费远远不能满足相应的文献数据资料的购买需求，导致高校图书馆的文献数据资料数量不足；另一方面还有一些高校盲目地认为图书馆馆藏数量是衡量图书馆质量的主要标准或唯一标准，导致在文献数据的采集和购买方面不能兼顾教学和科研需求，而是一味地追求价格低廉，导致一些低质量书籍进入高校图书馆，不仅不能为图书馆的进一步发展提供支持，反倒影响图书馆的整体质量，导致图书馆数据资源单一、缺乏针对性纵深性，不能满足教学和科研需求，因此，如何丰富高校图书馆的数据资源，提升高校图书馆的质量成为当今高校智慧图书馆建设中亟待解决的问题。

目前高校图书馆在智慧服务方面做了很多有益的尝试和探索，但是仍然存在着不少问题，比如图书馆用户的动态数据、行为数据等数据的采集、整理和利用方面都存在着不足，严重制约高校智慧图书馆的发展创新。

二、网络给高校图书馆的智慧服务带来冲击

（一）网络资源建设商的冲击

首先，网络新时代下，信息技术的高速发展为信息技术的存储、管理和传播提供了新的可能，从而进一步推动以知网为首的网络资源建设商的持续发展，从社会的角度来说更进一步推动了信息资源的共享和信息资源的利用，但是从高校智慧图书馆的建设来说这会对高校图书馆的智慧服务造成冲击。以知网、维普和万方数据数据库的创建和发展为例，其已经逐步实现从期刊论文到学位论文、会议论文、调查、古籍、年检、专刊等的发展，最近几年来更是收录了相关的法律、政策和企业发展标准以及科技报告等内容，涵盖了科研成果乃至社会生活的方方面面。

其次，数据资源整合方面也走在了时代的前列以知网为例，知网已实现了数据资源整合的多平台化数据资源共享新业态，建立了诸如专题知识库、研究学习平台、专业知识服务与管理平台、出版平台等。

最后，拓展了网络数据平台的服务内容，比如提供翻译助手、查重检测、数字搜索乃至图形搜索等功能，而且能够为不同的机构和用户提供个性化定制化服务。以知网为例，随着互联网的高速创新发展，知网在全文信息量规模方面已经成为"CNKI数字图书馆"界的NUMBER 1，而与知网齐名的万方数据库也发展迅速，现已成为集信息数据资源产生、存储、传播与管理于一体的网络数据资源综合建设商，更有维普数据库、超星数据图书馆等新兴网络数据资源生产商等在提供广泛的网络数据资源的同时也为

用户提供个性化、全方位的服务，这些都对高校图书馆的智慧服务造成了强力冲击，制约了高校智慧图书馆的建设和智慧服务的发展。

（二）网络资源服务商的冲击

我国网民数量呈几何级数量增长，随之而来的是搜索引擎技术的不断更新，催生了360、百度、阿里巴巴、腾讯等互联网服务公司，并不断改变人们的生产生活方式，推动社会经济的转型发展和进步，并进一步影响高校智慧图书馆的信息资源建设和智慧服务功能定位。以360为例，其创建的360学术百科等已经进入学术资源领域，而百度作为我国搜索引擎方面的龙头老大更是开发了百度文库、百度百科等学术资源网络为网络用户提供相应的学术支持，更不要说在全球范围内都占有专业和地位的谷歌更是为全球用户提供传统图书馆所不能提供的精准推送、个性化产品服务，同时为海内外的科研人员定制专业化纵深化的学术资源，为其提供更好的体验式科研体验、学术资源等。相对于传统图书馆来说，百度学术搜索一方面拥有超多资源，其内容从原来的百度百科等生活常识拓展到期刊论文、学位论文等具有一定纵深度的学术论文，学术资源十分丰富，另一方面其在搜索方面独辟蹊径、简洁高效，为用户提供了很大的方面，除此之外还采用了互联网的免费思维，更是一举打破传统图书馆的禁锢，为国内外学者提供了最好的科研体验，可以说服务模式、服务内容都在与时俱进，不断抢占传统高校图书馆的市场份额。且这些网络资源服务商相对来说操作更为简单方便，触手可及，因此网络资源服务商的高速发展一方面为高校数字图书馆的发展提供了模板，另一方面也会压缩高校数字博物馆的生存空间，制约高校智慧图书馆的发展，甚至会取而代之。

（三）自身信息化平台与服务管理平台建设有待完善

第一，高校图书馆自身信息化平台建设不够完善。我国高校自身信息化平台的建设起步较晚，因此其整体平台建设还不够完善，很多智慧服务功能得不到发挥，导致高校图书馆的不少数据资源的得不到充分利用，或者科研成果共享不到位，都会影响用户的个人体验。而且有的高校对信息化平台建设认识不到位，对图书馆资金支持不足，造成信息化平台从建设到管理都有很多局限性。最后高校图书馆在微信公众号、移动平台阅读等方面的内容建设比较单一，只是简单的数据知识的提供，缺乏个性化、多样化、定制化服务，也会影响用户体验。

第二，高校智慧图书馆服务管理平台建设不够完善。随着国家对高校建设的高度重视，高校智慧图书馆的建设也在逐步推进，现阶段高校图书馆的硬件设施建设已经上了一个新台阶，但是在软件管理方面还存在很多不足。首先对高校智慧图书馆的服务管理认识不到位，认为图书馆的硬件设施是制约图书馆质量发展的关键因素，因此在图书馆的建设方面更多地关注图书馆的建设面积，藏书数量等硬件设施，忽略了图书馆的服务管理平台建设，即便是有一些高校认识到了服务管理的重要性，但是因为缺乏可以落地的实操标准，导致有不少高校智慧图书馆的服务管理成为一纸空文，更遑论服务管理平台的建立。最后图书馆智慧服务平台的建立需要相应的技术支持和资源支持，但是因为对其软件设施的认识不到位，导致高校图书馆智慧服务平台的建设不够完善，不能充分发挥高校图书馆的纽带作用，推动高校科研成果和教研成果的进一步应用和传播，制约高校图书馆的稳步创新发展。

（四）高校图书馆中缺乏高素质人才

高校图书馆在人才管理方面缺乏很好的人才战略体系，具体体现在以下两个方面：首先是管理人员数量相对不足。信息技术的发展一方面减轻了图书管理员的重复性工作，提升了工作人员的工作效率，另一方面需要一批高技术高精尖人才来实现高校图书馆的数字化建设和智慧服务，但是有不少工作人员知识结构更新缓慢，跟不上信息社会的高速发展。其次是专业人才缺乏。随着高校智慧图书馆的建立和专业性智慧服务业务的拓展，高校智慧图书馆其急需一大批专业化人才，但是因为管理人员的智慧服务理念比较落后，加上没有接受相关的信息化技术培训，导致高校图书馆管理和服务缺乏专业性人才，同时因为高校对图书馆的建设不够重视，到时图书馆缺少专业的人才管理模式，致使一些专业人员在图书馆的工作中不能物尽其用，严重制约了高校智慧图书馆智慧服务工作的发展。

第三节　高校图书馆智慧服务的提升策略

一、积极做好长期建设智慧服务的规划

智慧图书馆的建设需要做好统筹谋划科学布局。高校内部要根据自身的实际情况进行建设，积极创新服务和管理，形成资源丰富的现代化高校图书馆。高校内部主管部门和图书馆的管理人员要进行战略任务部署，在资金，技术，人才等方面给予必要的支持和保障。此外，要加强与该领域专家的沟通交流，与同地区或其他地区有先进建设经验的高校或机构进行合作探讨，解决智慧图书馆建设中存在的问题，促进高校图书馆的可持续

发展。

二、努力提高高校图书馆的质量

高校智慧图书馆的质量一方面跟图书馆数据资源的数量有关，另一方面也与数据信息资源的质量密切相关。因此首先应为智慧图书馆的建设提供充足的资金支持，拓宽数据资源的采购渠道，实现高校数据资源的多元化发展，构建相应的高校智慧图书馆采购体系和藏书体系，在数量上满足高校师生的应用需求。其次图书馆信息资源的补充要在保证数量的基础上兼顾质量。高校作为我国的高端学府，教学及学术研究涉及的内容宽泛且深入，因此在智慧图书馆的数据信息采集和图书购买方面要从师生的实际需求出发，结合高校的科研和教学需求，优化内容和信息资源结构，做到物尽其用，实现智慧图书馆高质量发展。最后在图书馆信息数据的更新方面要以以往的借阅数据为参考来确定后续补充文献的数量和质量，切实提升高校图书馆的质量。

高校智慧图书馆的建设不仅与内容建设密切相关，还涉及服务和服务管理方面，因此高校智慧图书馆要顺应高校建设需求，全面为用户服务，为老师和学生提供更具个性化的综合服务，满足高校图书馆用户的教学和科研需求，实现高校智慧图书馆建设的不断优化和完善。

三、提供全方位与全资源数据服务

（一）提供全方位的智慧服务

高校智慧图书馆提供全方位的智慧服务，顾名思义，就是打破时间和空间的限制为用户提供全方位的信息数据服务，让老师和学生能随时随地享受到个性化的资源服务。网络新时代背景下各领域互相跨界、学科交叉、成果融合已经成为新常态，高校智慧图书馆要敢于打破区域流通限制，突破传统服务思维的桎梏，为用户提供全面、系统、契合的信息化服务。首先要建立全方位的互联网思维、互联网时代，马太效应尽显，也就是所谓的弱者愈弱，强者愈强。因此在网络新时代和后疫情的双重作用下，一定要强化互联网意识，打造互联网＋思维。其次要树立全方位的服务理念，这就要求高校图书馆要能够以自身资源为依托，整合资源并做到知识共享，为用户提供跨学科，跨地域的全方位专业化服务，消除传统高校图书馆与社会资源的壁垒，实现资源共享和流通，并最终促进高校科研成果的进一步推广和转化。

（二）提供全资源的智慧服务

高校智慧图书馆要想应对网络资源建设商和服务商的进一步冲击则必须要从智慧服务入手，为用户提供全资源智慧服务，这就要求图书馆不仅要提供平台化、个性化、多维化的一站式检索服务，还能够为用户提供更具个性的定制化符合和相应的信息技术。在这方面，知网已经成为全球信息图书馆发展典范，其内容提供涉及期刊、论文、会议、年检、报纸等方方面面，因此高校智慧图书馆可以以知网建设为风向标，在平台建设方面实现多平台管理，为教学和科研提供更为契合的专业化数据服务，比如出版、发布、管理咨询等；在服务内容方面等方面提供更为特色的服务；在服务内容方面要拓展服务内容，从提供搜索服务，到个性化推送，实现自身资源和其他资源的跨界整合。当然在网络图书馆的建设方面，还有诸如百度学术、谷歌搜索、腾讯社区等资源整合和数据服务优秀资源建设商和网络资源服务商等业界翘楚值得学习，因此高校智慧图书馆提供的全资源的智慧服务要从紧抓网络新时代下互联网发展机遇，借鉴网络服务商成功经验，立足于高校智慧图书馆建设，探索高校图书馆和科研机构以及社会各方面的资源整合，从而更进一步提供全资源智慧服务，全面提升高校智慧图书馆的智慧服务水平，推动智慧中国、数字中国的建立。

四、建立高校智慧图书馆智慧服务开放平台

信息技术的持续高速发展，让万物互联成为可能，网络新时代下，互联网＋图书馆的发展模式已经成为高校智慧图书馆建立的主要动力。而且知识的指数级增长也成为推动社会发展和进步的关键推手，并不断地改变人们的生产生活模式和经济水平。因此打造智慧服务开放平台，为用户提供更为高效的数据发布、存储、管理、分析等服务已经成为图书馆发展的必然要求和主要职能。打造高校智慧图书馆智慧服务开放平台要从以下几个方面着手：首先要树立共享理念，在网络新时代，每个人都有各自的想法，知识共享之后，想法自然发生变化。社会在进步，生活在变化，高校图书馆智慧服务要做到知识共享，一方面能够吸引读者抢占市场份额，另一方面也有助于通过共享发现自己的不足，并能够借助外在的力量完善自己、提高自己。其次跨界要落实到位，在高校智慧图书馆的建设过程中的跨界主要是指跨越高校自身学科和专业知识的限制，能够从多图书馆联合等方面多层次、多视角来审视问题，并提出相应的解决办法，并在此基础上提出智慧服务的未来发展方向，实现在思想上打破桎梏，在行动上打破界限，以跨行业、无边界的思维来思考问题。最后图书馆智慧服务平台的建立要对高校自身资源和科研数据等进行有效整合和分析，并通过相应的用户行为数据收集和整理，为高校图书馆的智慧服务提供相应的数据支撑，根据用户的行为轨迹，为用户推送和提供精准化的推荐和个性化数据支持。总之打造高校智慧图书馆智慧服务开放平台要从思想到行动做好全方位把

控，全面提升高校图书馆的核心竞争力，推动高校图书馆向全面智能方向发展。

五、积极培养高素质高校图书馆管理人才

（一）强化道德和法律建设，增强服务意识

图书馆的工作是非常烦琐的，而且相对来说比较枯燥，因此一定要强化工作人员的道德和法律建设，强化工作人员的服务意识，树立服务理念，培养工作人员的工作责任心，并做好相应的奖惩措施，将服务理念和政策法规贯穿于图书馆管理和服务工作的全过程，能够真正做到提升服务质量和用户满意度。

（二）提高工作人员的工作能力

智慧服务是智能服务，也是个性化和全方位的信息资源服务，因此对工作人员的要求更高，要求必须在加强职业道德教育的基础之上，提升工作人员的工作能力和服务水平。随着信息技术的进步，智慧服务的内容的不断拓展，智慧服务的功能也在不断更新，如果不能持续学习则必然无法适应智慧图书馆的发展节奏。因此要做好相关人员的培训，从工作人员的实际需求入手，提升工作人员的整体能力，从而全面提升工作人员的工作能力。

总体来说高校图书馆的智慧服务工作是一个动态的不断完善的过程，在网络新时代下要借助互联网的东风，充分发挥图书馆对教学和科研的促进作用，推动实现高校图书馆智慧服务工作的升级和完善。

第四节　人工智能下高校图书馆智慧服务模式创新

人工智能技术的普及与应用，给人们生产生活提供了便捷、高效、个性化的服务。具体到高校图书馆，基于人工智能的智慧服务模式，可以满足读者的个性化服务需求，从而促进图书馆文献资源利用价值的增值。因此，在实践中高校图书馆应积极借助人工智能技术进行升级改造，借助人脸识别技术开展图书智能借阅，并借助智能机器人做好读者咨询，据此建构个性化的、可交互的智能服务模式，使读者享受便捷且安全的图书文献资源服务。

一、人工智能技术及发展

近年来，人工智能发展迅速，已经成为科技界和大众都十分关注的一个热点领域。尽管目前人工智能在发展过程中，还面临着很多困难和挑战，但人工智能已经创造出了许多智能产品，并将在越来越多的领域制造出更多甚至是超过人类智能的产品，为改善人类的生活做出更大贡献。"人工智能是新一代'通用目的技术'，对经济社会发展和国际竞争格局产生着深刻影响。"[①]

智能是指学习、理解并用逻辑方法思考事物，以及应对新的或者困难环境的能力。智能的要素包括：适应环境，适应偶然性事件，能分辨模糊

---

① 张鑫，王明辉. 中国人工智能发展态势及其促进策略 [J]. 改革，2019（09）：31–44.

的或矛盾的信息，在孤立的情况中找出相似性，产生新概念和新思想。

自然智能是指人类和一些动物所具有的智力和行为能力。"人类智能是由许多各有自己构成、本质特点和运作机理的智能个例或样式组成的有'家庭相似性'的大杂烩。每个智能都是由一定生物模式所实现的功能模块，它们集合在一起可形成不同层次的复合能力"。[①] 人类智能表现为有目的的行为、合理的思维，以及有效地适应环境的综合性能力。智力是获取知识并运用知识求解问题的能力，能力则指完成一项目标或者任务所体现出来的素质。

人工智能是相对于人的自然智能而言的，从广义上解释就是"人造智能"，指用人工的方法和技术在计算机上实现智能，以模拟、延伸和扩展人类的智能。由于人工智能是在机器上实现的，所以又称机器智能。人工智能包括有规律的智能行为。有规律的智能行为是计算机能解决的，而无规律的智能行为，如洞察力、创造力，计算机目前还不能完全解决。

（一）人工智能的发展历程

1. 人工智能的起源

"图灵测试"是分别由人和计算机来同时回答某人提出的各种问题。如果提问者辨别不出回答者是人还是机器，则认为通过了测试，并且说这台机器有智能。

1991 年，美国塑料便携式迪斯科跳舞毯大亨休·洛伯纳赞助"图灵测试"，并设立了洛伯纳奖，第一个通过一个无限制图灵测试的程序将获得 10 万元美金。对洛伯纳奖来说，人和机器都要回答裁决者提出的问题。每

---

① 高新民，罗岩超."图灵测试"与人工智能元问题探微[J].江汉论坛，2021(01)：56-64.

一台机器都试图让一群评审专家相信自己是真正的人类，扮演人的角色最好的那台机器将被认为是"最有人性的计算机"而赢得这个竞赛，而参加测试胜出的人则赢得"最有人性的人"大奖。在过去的三十多年里，人工智能社群都会齐聚以图灵测试为主题的洛伯纳大奖赛，这是该领域最令人期待也最惹人争议的盛事。

图灵测试的本质可以理解为计算机在与人类的博弈中体现出智能，虽然目前还没有机器人能够通过图灵测试，图灵的预言并没有完全实现，但基于国际象棋、围棋和扑克软件进行的人机大战，让人们看到了人工智能的进展。

人们根据计算机难以通过图灵测试的特点，逆向地使用图灵测试，有效地解决了一些难题。如在网络系统的登录界面上，随机地产生一些变形的英文单词或数字作为验证码，并加上比较复杂的背景，登录时要求正确地输入这些验证码，系统才允许登录。而当前的模式识别技术难以正确识别复杂背景下变形比较严重的英文单词或数字，这点人类却很容易做到，这样系统就能判断登录者是人还是机器，从而有效地防止了利用程序对网络系统进行的恶意攻击。

2. 人工智能的孕育期

人工智能的孕育期一般指 1956 年以前，这一时期为人工智能的产生奠定了理论和计算工具的基础。

（1）问题的提出。900 年，世纪之交的数学家大会在巴黎召开，数学家大卫·希尔伯特（David Hilbert），庄严地向全世界数学家们宣布了二十三个未解决的难题。这二十三道难题道道经典，而其中的第二问题和第十问题则与人工智能密切相关，并最终促成计算机的发明。被后人称为希尔伯特纲领的希尔伯特的第二问题是数学系统中应同时具备一致性和完备性。希尔伯特的第二问题的思想，即数学真理不存在矛盾，任何真理都可以描述为数学定理。他认为可以运用公理化的方法统一整个数学，并运用严格的数学推理证明数学自身的正确性。

捷克数学家库尔特·哥德尔 [①]（Kurt Gödel）致力于攻克第二问题。他很快发现，希尔伯特第二问题的断言是错的，其根本问题是它的自指性。他通过后来被称为"哥德尔句子"的悖论句，证明了任何足够强大的数学公理系统都存在着瑕疵，一致性和完备性不能同时具备，这便是著名的哥德尔定理。

（2）计算机的产生。法国人布莱士·帕斯卡（Blaise Pascal）于 17 世纪制造出一种机械式加法机，它是世界上第一台机械式计算机。

克劳德·艾尔伍德·香农（Claude Elwood Shannon）是信息论的创始人，他于 1938 年首次阐明了布尔代数在开关电路上的作用。信息论的出现，对现代通信技术和电子计算机的设计产生了巨大的影响。如果没有信息论，现代的电子计算机是不可能研制成功的。

1946 年 2 月 15 日，世界上第一台通用电子数字计算机"埃尼阿克"研制成功。"埃尼阿克"的研制成功，是计算机发展史上的一座纪念碑，是人类在发展计算技术历程中的一个新的起点。

3. 人工智能的形成期

人工智能的基础技术的研究和形成时期是指 1956—1970 年期间。1956 年艾伦·纽厄尔（Allen Newell）和赫伯特·西蒙（Herbert Simon）等首先合作研制成功"逻辑理论机"。该系统是第一个出现符号而不是处理数字的计算机程序，是机器证明数学定理的最早尝试。

---

① 库尔特·哥德尔是美籍奥地利数学家、逻辑学家和哲学家，是 20 世纪最伟大的逻辑学家之一，其最杰出的贡献是哥德尔不完全性定理。

1956 年，另一项重大的开创性工作是亚瑟·塞缪尔（Arthur Samuel）研制成功"跳棋程序"。该程序具有自改善、自适应、积累经验和学习等能力，这是模拟人类学习和智能的一次突破。该程序于 1959 年击败了它的设计者，1963 年又击败了美国的一个州的跳棋冠军。

1960 年，纽厄尔和西蒙又研制成功"通用问题求解程序系统"，用来解决不定积分、三角函数、代数方程等多种性质不同的问题。

1960 年，约翰·麦卡锡（John McCarthy）提出并研制成功"表处理语言 LISP"，它不仅能处理数据，而且可以更方便地处理符号，适用于符号微积分计算、数学定理证明、数理逻辑中的命题演算、博弈、图像识别以及人工智能研究的其他领域，从而武装了一代人工智能科学家，是人工智能程序设计语言的里程碑，至今仍然是研究人工智能的良好工具。

1965 年，被誉为"专家系统和知识工程之父"的爱德华·费根鲍姆（Edward Feigenbaum）和他的团队开始研究专家系统，并成功研究出第一个专家系统，用于质谱仪分析有机化合物的分子结构，为人工智能的应用研究做出了开创性贡献。

1969 年召开了第一届国际人工智能联合会议，1970 年《人工智能国际杂志》创刊，标志着人工智能作为一门独立学科登上了国际学术舞台，并对促进人工智能的研究和发展起到了积极作用。

4. 人工智能的发展与实用期

人工智能发展和实用阶段是指 1971—1980 年期间。在这一阶段，多个专家系统被开发并投入使用，有化学、数学、医疗、地质等方面的专家系统。

1975 年美国斯坦福大学开发了 MYC1N 系统，用于诊断细菌感染和推荐抗生素使用方案。MYCIN 是一种使用了人工智能的早期模拟决策系统，由研究人员耗时五六年开发而成，是后来专家系统研究的基础。

1976 年，凯尼斯·阿佩尔（Kenneth Appel）和沃夫冈·哈肯（Wolfgang Haken）等人利用人工和计算机混合的方式证明了一个著名的数学猜想：四色猜想（现在称为四色定理）。即对于任意的地图，最少仅用四种颜色就可以使该地图着色，并使得任意两个相邻国家的颜色不会重复。然而证明起来却异常烦琐。配合着计算机超强的穷举和计算能力，阿佩尔等人证明了这个猜想。

1977 年，第五届国际人工智能联合会会议上，费根鲍姆教授在一篇题为"人工智能的艺术：知识工程课题及实例研究"的特约文章中系统地阐述了专家系统的思想，并提出了"知识工程"的概念。

5. 人工智能的知识工程与机器学习期

知识工程与机器学习发展阶段指 1981—1990 年代初这段时期。知识工程的提出，专家系统的初步成功，确定了知识在人工智能中的重要地位。知识工程不仅仅对专家系统发展影响很大，而且对信息处理的所有领域都将有很大的影响。知识工程的方法很快渗透到人工智能的各个领域，促进了人工智能从实验室研究走向实际应用。

学习是系统在不断重复的工作中对本身的增强或者改进，使得系统在下一次执行同样任务或类似任务时，比现在做得更好或效率更高。

从 20 世纪 80 年代后期开始，机器学习的研究发展到了一个新阶段。在这个阶段，联结学习取得很大成功；符号学习已有很多算法不断成熟，新方法不断出现，应用扩大，成绩斐然；有些神经网络模型能在计算机硬件上实现，使神经网络有了很大发展。

6. 人工智能的智能综合集成期

智能综合集成阶段指 20 世纪 90 年代至今，这个阶段主要研究模拟智能。

第六代电子计算机被认为是将能模仿人的大脑判断能力和适应能力，并具有可并行处理多种数据功能的神经网络计算机。与以逻辑处理为主的第五代计算机不同，它本身可以判断对象的性质与状态，并能采取相应的行动，而且它可同时并行处理实时变化的大量数据，并引出结论。以往的信息处理系统只能处理条理清晰、经络分明的数据，而人的大脑却具有能处理支离破碎、含糊不清的信息的灵活性，第六代电子计算机将具有类似人脑的智慧和灵活性。

21 世纪初至今，深度学习带来了人工智能的春天，随着深度学习技术的成熟，人工智能正在逐步变得普及。

（二）人工智能的学派

人工智能是用计算机模拟人脑的学科，因此模拟人脑成为它的主要研究内容。但由于人类对人脑的了解太少，对人脑的研究也极为学复杂，目前人工智能学者对它的研究是通过模拟方法按三个不同角度与层次对其进行探究，从而形成三种学派：首先是从人脑内部生物结构角度的研究所形成的学派，称为结构主义或符号主义学派，其典型的研究代表是人工神经网络；其次是从人脑思维活动形式表示的角度的研究所形成的学派，称为连接主义学派，其典型的研究代表是形式逻辑推理；最后是从人脑活动所产生的外部行为角度的研究所形成的学派，称为行为主义学派。

1. 符号主义学派

符号主义又称逻辑主义、心理学派或计算机学派，其主要思想是从人脑思维活动形式化表示角度研究探索人的思维活动规律。它是亚里士多德所研究形式逻辑以及其后所出现的数理逻辑，又称符号逻辑。而应用这种符号逻辑的方法研究人脑功能的学派就称符号主义学派。

在 20 世纪 40 年代中后期出现了数字电子计算机，这种机器结构的理论基础也是符号逻辑，因此从人工智能观点看，人脑思维功能与计算机工作结构方式具有相同的理论基础，即都是符号逻辑。故而符号主义学派在人工智能诞生初期就被广泛应用。推而广之，凡是用抽象化、符号化形式研究人工智能的都称为符号主义学派。

总体来看，符号主义学派即是以符号化形式为特征的研究方法，它在知识表示中的谓词逻辑表示、产生式表示、知识图谱表示中，以及基于这些知识表示的演绎性推理中都起到了关键性指导作用。

2. 连接主义学派

连接主义又称仿生学派或生理学派，其主要思想是从人脑神经生理学结构角度研究探索人类智能活动规律。从神经生理学的观点看，人类智能活动都出自大脑，而大脑的基本结构单元是神经元，整个大脑智能活动是相互连接的神经元间的竞争与协调的结果，它们组织成一个网络，称为神经网络。连接主义学派认为，研究人工智能的最佳方法是模仿神经网络的原理构造一个模型，称为人工神经网络模型，以此模型为基点开展对人工智能的研究。

有关连接主义学派的研究工作早在人工智能出现前的 20 世纪 40 年代的仿生学理论中就有很多研究，并基于神经网络构造出世界上首个人工神经网络模型——MP 模型，自此以后，对此方面的研究成果不断出现，直至 20 世纪 70 年代。但在此阶段由于受模型结构及计算机模拟技术等多种方面的限制而进展不大。直到 20 世纪 80 年代 Hopfield 模型以及相继的反向传播 BP 模型的出现，人工神经网络的研究又开始走上发展道路。

2012 年对连接主义学派而言是一个具有划时代意义的一年，具有多层结构模型——卷积神经网络模型与当时正兴起的大数据技术，再加上飞速发展的计算机新技术三者的有机结合，使它成为人工智能第三次高潮的主要技术手段。

连接主义学派的主要研究特点是将人工神经网络与数据相结合，实现对数据的归纳学习从而达到发现知识的目的。

3. 行为主义学派

行为主义又称进化主义或控制论学派，其主要思想是从人脑智能活动所产生的外部表现行为角度研究探索人类智能活动规律。这种行为的特色可用感知—动作模型表示。这是一种控制论的思想为基础的学派。有关行为主义学派的研究工作早在人工智能出现前的 20 世纪 40 年代的控制理论及信息论中就有很多研究，在人工智能出现后得到很大的发展，其近代的基础理论思想如知识获取中的搜索技术以及 Agent 为代表的"智能代理"方法等，而其应用的典型即是机器人，特别是具有智能功能的智能机器人。在近期人工智能发展新的高潮中，机器人与机器学习、知识推理相结合，所组成的系统成为人工智能新的标志。

（三）人工智能的学科体系

人工智能学科的发展并不顺利，在其发展的过程中，经历了多次波折与重大打击，到了 2016 年才真正迎来了稳定的发展，因此对人工智能学科体系的研究也是断断续续、起起伏伏，直到今日还处于不断探讨与完善之中。就人工智能目前研究而言，其整个体系可分为以下内容：

1. 人工智能学科的体系框架

第一，人工智能理论基础。任何一门正规的学科，必须有一套的完整的理论体系做支撑，对人工智能学科而言也是如此。到目前为止，人工智能学科初步形成一个相对完整的理论体系，为整个学科研究奠定基础。人工智能基础理论主要研究的是用"模拟"人类智能的方法所建立的一般性理论。

第二，人工智能应用技术。人工智能是一门应用性学科，在其基础理论支持下与各应用领域相结合进行研究，产生多个应用领域的技术，它们是人工智能学科的下属分支学科。目前这种与应用领域相关的分支学科随着人工智能发展而不断增加。人工智能应用性技术研究的是用"模拟"人类智能的方法与各应用领域相融合所建立的理论。

第三，人工智能的计算机应用开发。人工智能是一门用计算机模拟人脑的学科，因此在人工智能技术的下层应用领域中，最终均须用计算机技术实施应用开发，用一个具智能能力的计算机系统以模拟应用领域中的一定智能活动作为其最后目标。"大数据与人工智能都是现代信息技术的主要分支，已被广泛应用到人们的生产生活当中，尤其是在工业生产领域，基于大数据和人工智能的生产技术优化与生产模式完善都十分常见。"①人工智能的计算机应用开发研究的是智能模型的计算机开发实现。

人工智能学科体系的这三个部分是按层次相互依赖的。其中基础理论是整个体系的底层，而应用技术则是以基础理论作支撑建立在各应用领域上的技术体系。最后以上面两层技术与理论为基础用现代计算机技术为手段构建起一个能模拟应用中智能活动的计算机系统作为其最终目标。

2. 人工智能的基础理论

人工智能的基础理论分两个层次：第一层次是人工智能的基本概念、研究对象、研究方法及学科体系；第二层次是基于知识的研究，它是基础理论中的主要内容，包括下面的内容：

---

① 利锐欢，谢玉祺. 基于大数据的安全生产人工智能应用分析 [J]. 科技资讯，2022，20（14）：76-78.

第一，知识与知识表示。人工智能研究的基本对象是知识，它所研究的内容是以知识为核心的，包括知识表示、知识组织管理、知识获取等。在人工智能中知识因不同应用环境而可有不同表示形式，目前常用的就有十余种，其中最常见的有：谓词逻辑表示、状态空间表示、产生式表示、语义网络表示、框架表示、黑板表示以及本体与知识图谱表示等多种表示方法。

第二，知识组织管理。知识组织管理就是知识库，它是存储知识的实体，且具有知识增、删、改及知识查询、知识获取（如推理）等管理功能，此外还具有知识控制，包括知识完整性、安全性及故障恢复功能等管理能力。知识库按知识表示的不同形式管理，即一个知识库中所管理的知识其知识表示的形式只有一种。

第三，知识推理。人工智能研究的核心内容之一是知识推理。此中的推理指的是通过一般性的知识而获得个别知识的过程，这种推理称为演绎性推理。这是符号主义学派所研究的主要内容。知识推理有多种不同方法，它可因不同的知识表示而有所不同，常用的有基于状态空间的搜索策略方法、基于谓词逻辑的推理方法等。

第四，知识发现。人工智能研究的另一个核心内容是知识归纳，又称知识发现或归纳性推理。此中的归纳指的是由多个个别知识通过它而获得一般性知识的过程，这种推理称为归纳性推理。这是连接主义学派所研究的主要内容。知识归纳有多种不同方法，常用的有人工神经网络方法、决策树方法、关联规则方法以及聚类分析方法等。

第五，智能活动。智能活动是行为主义学派所研究的主要内容。一个智能体的活动必定受环境中的感知器的触发而启动智能活动，活动产生的结果通过执行器对环境产生影响。

3. 人工智能的应用技术

在人工智能学科中，有很多以应用领域为背景的学科分支，对它们的研究是以基础理论为手段，以领域知识为对象，通过这两者的融合最终达到模拟该领域应用为目标。

目前这种学科分支的内容有很多个，并且还在不断地发展中，下面列举较为热门的应用领域分支。

第一，机器博弈。机器博弈分人机博弈、机机博弈以及单体、双体、多体等多种形式。其内容包含传统的博弈内容，如棋类博弈，从原始的五子棋、跳棋到中国象棋、国际象棋及围棋等；如球类博弈，从排球、篮球到足球等；还包括现代的多种博弈性游戏以及带博弈性的彩票、炒股、炒汇等带有风险性的博弈活动。

机器博弈是智能性极高的活动，机器博弈的水平高低是人工智能水平的主要标志，对它的研究能带动与影响人工智能多个领域的发展。因此目前国际上各大知名公司都致力于机器博弈的研究与开发。

第二，声音、文字与图像识别。人类通过五官及其他感觉器官接受与识别外界多种信息，如听觉、视觉、嗅觉、触觉、味觉等，其中听觉与视觉占到所有获取到的信息90%以上。具体表现为文字、声音、图形、图像以及人体、物体等识别。模式识别指的是利用计算机模拟对人的各种识别的能力。目前主要的模式识别如下：

声音识别：包括语音、音乐及外界其他声音的识别。

文字识别：包括联机手写文字识别、光学字符识别等多种文字的识别。

图像识别：如指纹识别、个人签名识别以及印章识别等。

第三，知识工程与专家系统。知识工程与专家系统是用计算机系统模拟各类专家的智能活动，从而达到用计算机取代专家的目的。其中，知识工程是计算机模拟专家的应用性理论，专家系统则是在知识工程的理论指导下实现具有某些专家能力的计算机系统。

第四，智能机器人。智能机器人一般分为工业机器人与智能机器人，在人工智能中一般指的是智能机器人。这种机器人是一种类人的机器，它不一定具有人的外形，但一定具有人的基本功能，如人的感知功能、人脑的处理能力以及人的执行能力。这种机器人是由包括计算机在内的机电部件与设备组成。

第五，智能决策支持系统。政府、单位与个人经常会碰到一些重大事件，对此必须做出的决断称为决策，如某公司对某项目投资的决策、政府对某项军事行动的决策、个人对高考填报志愿的决策等。决策是一项高智能活动。智能决策支持系统是一个计算机系统，它能模拟与协助人类的决策过程，使决策更为科学、合理。

第六，计算机视觉。由于视觉是人类从整个外界获取的信息最多的，因此对人类视觉的研究特别重要，在人工智能中称为计算机视觉。计算机视觉研究的是用计算机模拟人类视觉功能，用以描述、存储、识别、处理人类所能见到的外部世界的人物与事物，包括静态的与动态的、二维的与三维的。最常见的有人脸识别、卫星图像分析与识别、医学图像分析与识别以及图像重建等内容。

4. 人工智能的应用模型及其开发

人工智能学科的最上层次即是它的各类应用以及应用的开发。这种应用很多，著名的如 DeepBlue、AlphaGo、蚂蚁金服人脸识别系统、百度自动驾驶汽车、科大讯飞翻译机、Siri 智能查询系统以及方正扫描仪等都是人工智能应用，其中很多都已成为知名的智能产品。下面主要介绍这些应用中的模型以及基于这些应用模型的计算机系统开发。

（1）人工智能的应用模型。

以人工智能基础理论及应用技术为手段，可以在众多领域生成很多应用模型，应用模型即是实现该应用的人工智能方法、技术及实现的结构、体系组成的总称。例如，人脸识别的模型可简单表示为以下内容：

机器学习方法：用卷积神经网络方法，通过若干个层面分步实施的手段。

图像转换装置：需要有一个图像转换装置将外部的人脸转换成数据。

大数据方法：这种转换成数据的量值及性质均属大数据级别，必须按大数据技术手段处理。

将这三者通过一定的结构方式组合成一个抽象模型，根据此模型，这个人脸识别流程是：人脸经图像转换装置后成为计算机中的图像数据，接着按大数据技术手段对数据作处理，成为标准的样本数据。将它作为输入，进入卷积神经网络作训练，最终得到训练结果作为人脸识别的模型。

（2）人工智能应用模型的开发。

以应用模型为依据，用计算机系统作开发，最终形成应用成果或产品。在这个阶段，重点在计算机技术的应用上着力，具体内容如下：

依据计算机系统工程及软件工程对应用模型作系统分析与设计。

依据设计结果，建立计算机系统的开发平台。

依据设计结果，建立数据组织并完成数据体系开发。

依据设计结果，建立知识体系并完成知识库开发。

依据设计结果，建立模型算法并做系统编程以完成应用程序开发。

到此为止，一个初步的计算机智能系统就形成了。接着，还需继续按计算机系统工程及软件工程作后续工作。

依据计算机系统工程及软件工程作系统测试。

依据计算机系统工程及软件工程将测试后系统投入运行。

到此为止，一个具实用价值的计算机智能系统就开发完成了。

（四）人工智能的学科发展

人工智能起源于多个学科，并在其发展中经历了多种磨难与重重困难，尝试过多种不同思想、方法与理论才取得了今天的大发展。回首过往的发展历史，不但有经验，也有教训。结合经验与教训，我们看到了发展同时也看到了不足，人工智能学科的发展任重而道远。

1. 建立完整的人工智能理论体系

任何一个学科都需要有一套完整的基础理论体系，用以支撑该学科的发展。对人工智能学科而言也是如此。在经历了多年发展后，人工智能也有了自己的理论与一定的体系，但由于人工智能自身发展的特殊性，使得它至今在完整与统一的理论体系方面尚有待进一步完善与发展。

（1）人工智能是一门边缘性学科，从它发展的萌芽期起就由多个学科基于不同理论体系组合而成。

（2）人工智能在其发展过程中，多种不同理论体系虽然有所融合，但是由于不同环境与特殊处境而形成了三种研究理论体系，即符号主义体系、连接主义体系及行动主义体系，并都有其应用的支撑，至今无法完全融合。

（3）近十余年是人工智能飞速发展的时期，这种发展主要表现为人工智能应用的发展。在众多应用发展的同时出现并解决了很多理论的问题，这些理论的解决与发展已冲击到了传统的理论体系，但是人们过多聚焦于应用的实现，而忽视了理论的进一步总结、提高与发展。目前迫切需要人工智能理论工作者努力，建立起一个统一、完整的理论体系。

2. 人工智能的多学科交叉融合

人工智能学科是一门多学科交叉集成的学科，因此人工智能的发展必须在统一的目标下注重于多学科间的交叉融合，发挥各学科优势，建立各学科间的紧密关系，相互取长补短，从而达到在人工智能大家庭中融合一起、和谐共存。这是人工智能学科发展的又一个方向。

人工智能的多学科间的交叉融合主要表现在以下方面：

（1）人工智能理论与应用间的融合。

（2）人工智能理论中各方法间的融合。

（3）人工智能应用中计算机技术与应用系统间融合。

人工智能的多学科间的交叉融合的必然结果是人工智能学科整体能力的进一步提升。

3. 人工智能理论、应用与计算机技术的均衡发展

（1）人工智能发展的三个层次。人工智能学科是一门应用性学科，总体来说其涉及的内容包括人工智能理论、人工智能应用与计算机技术等三个部分。人工智能的这三个部分需均衡发展，才能保持其整体发展的势头，不断取得进展。当这三者协调一致，保持均衡发展时，人工智能就会获得高速发展；当其协调不一致，发展失衡时，人工智能就陷入低谷。究其原因，主要是这三者关系紧密，它们间相互支持又相互制约。但是这三者又各有其发展特征，要保持一致发展进程实属不易。这就出现了人工智能发展历史中的不断反复起伏的特殊现象。从此中也可以看出自觉保持人工智能发展均衡性的重要意义。

第一，人工智能理论。在人工智能学科中，人工智能理论是基础，是学科灵魂与生命线。人工智能一切发展都建立在理论上。人工智能理论是以研究为主，其内容包括人工智能的思想、方法及算法原理等。由于人工

智能理论研究的难度大，持续时间久，参与研究的人员的专业素质要求高等多种原因，决定了其研究特色是：少量高素质人员为主，出成果的周期长，需持续高强度的投入。

第二，人工智能应用。人工智能是一门应用性学科，应用是其最终目标，也是学科发展的主要标志。学科整体的价值体现都表现在应用中。同时，应用的需求引导了理论研究方向与产品开发力度，倒逼理论的发展，从而带动整个学科的发展。因此，应用在整个人工智能学科中既是原始驱动力，又是最终的价值体现。人工智能应用的领域宽、应用行业多，参与应用人员可以大量投入并可以快速取得成果。因此，人工智能应用发展的特色是：可以大量投入人员，迅速取得大面积成果。

从人工智能发展的现实情况可以看出，只有应用发展了，才能产生经济效益与社会效益，从而达到聚集资金、聚集人才的结果，利用这些人才与资金才能反哺理论的研究开发，而理论的发展又促进了应用的支撑，最终达到整个学科的良性循环，从而促进人工智能学科发展。

第三，计算机技术。计算机技术是发展人工智能应用的基础，其主要作用是通过系统的开发将人工智能理论转变成为应用系统或产品，从而达到应用的目的。人工智能的计算机技术特色是：它是人工智能理论与应用的纽带，必须建立起三者的融合是其主要的特色。

（2）人工智能三个层次发展的要求。

第一，人工智能学科的三个层次既各自独立又相互依存，共同组成一个整体，它们之间必须保持均衡发展才能获得整体效果。

第二，人工智能学科的三个层次在发展中各具特色，很难保持同步均衡发展。从发展难度、周期、依存度及关联学科看，理论层次难度高、发展周期长但依存度低；应用层次难度相对低、发展周期快，但严重依存于理论与计算机技术的发展；计算机技术是理论与应用的纽带，必须不断迅速协调两者关系才能保证整个学科同步发展。

第三，这三者的特色是不同的，只有依据特色，三者均衡发展，保持动态平衡，最终才能获得良性循环，从而避免出现过去历史上起落不停的怪圈。

（3）人工智能三个层次发展的条件。从以上的分析可以看出，要保持均衡一致发展，必须的条件如下：

第一，理论必须先行。理论是应用的前提，但理论研究难度高、周期长，因此必须认识此特征，坚持长时期高投入，任何浮躁、短浅的目光与政策措施都将损害整个人工智能学科的发展。

第二，必须大力发展应用。人工智能之所以获得发展，并进入国家战略层次的学科，正是由于它的应用性。它是人工智能整体获得发展的关键。有了应用就有了资金、设备与人才，才能使人工智能整体（包括理论与产品）得到发展。

第三，强化计算机技术与理论、应用之间的不断融合。人工智能应用的最终体现是以计算机技术为工具利用人工智能理论开发更多的人工智能应用系统或产品，并以系统替代人类智力活动为目标。因此，强化计算机技术与理论、应用之间的融合是计算机技术的主要职责。

（五）人工智能的社会发展

人工智能学科是一门特殊的学科，由于它所研究的内容涉及人类自身最敏感的部位，出于对人类自我保护潜意识的反射，以及科幻小说与电影的过分渲染，从人工智能刚出现的萌芽时期就已经有人担忧，担心在其发展美好前景的同时会引起对人类自身利益的直接碰撞与抵触。因此，在人工智能发生与发展的同时，对人工智能的担心就一直没有停止过，这已不是一个技术问题而是社会问题了，主要表现为人工智能会侵占人类就业权益的担心与人类自身安全的担心这两方面。为此，必须对这两个问题从技术与社会学角度进行必要的解释与说明。

1. 人工智能与就业

从 20 世纪 50 年代开始，国外一些流水线作业的工厂中逐渐推广机器人作业，将简单、枯燥的劳动由机器人进行。进而，又逐步推广至较为复杂但又有固定规则可循的工作中，如此不断。随着人工智能与机器人技术水平不断发展，这种机器人取代工人的趋势已威胁到了成熟的技术工人的工作，因此就引起了工人的担心，进而引起了社会的担心与恐慌。

其实，人类社会自工业革命以来，新技术的应用除了提高生产力与减轻人类劳动外，都会影响到人类的就业。以蒸汽机为代表的第一次产业革命解放了人类的体力劳动，同时也影响到了体力工人的就业；以电动机为代表的第二次产业革命（电气化）解放了人类的脑 / 体力劳动，同时也影响到了技术工人的就业；以计算机为代表的第三次产业革命（信息化）解放了人类的脑力劳动，同时也影响到了劳动人员的就业；以人工智能为代表的第四次产业革命（智能化）解放了人类的智力劳动，同时也影响到了智力人员的就业。但所有这一切，前三次革命的结果是人类生产力的大解放，人类生活水平提高，就业问题所带来的影响最终通过发展中的不断平衡与调整而得到了解决，这第四次革命所产生的就业问题预计也可通过这种办法得到解决。

具体来说，就业问题是一个社会问题。社会问题的最终解决必须依靠社会解决。社会学中有一个基本原则就是：社会生产力的发展是解决社会中所有问题的基础。人工智能所带来的生产力发展必定能通过政府的政策措施与市场调节等手段而使就业问题得以解决。事实证明也是如此，在大量使用机器人及人工智能应用的国家，并没有因此造成大量失业，反而因此提高了人民的生活水平与生活质量。

2. 人工智能与人类智能

"人工智能将会超越人类智能，机器将控制人类并威胁人类的生存"，此说法产生的起源有三个：首先，人工智能学科自身研究的敏感性所致；其次，科幻小说与影视作品的渲染以及非本门学科专家对人工智能的了解不足而引起的担忧所致；最后，人工智能本门学科专家的不负责的宣扬所致。

实际上，所谓的"人工智能威胁论"是一个"伪命题"，人工智能专家他们在长期的研究工作中深知人工智能的艰难，深知人类对其自身智能的了解知之甚少，人类对其自身智能的模拟有多么的困难，目前所获得的成果又是多么的稀少。这个简单的是非题告诉我们，目前人工智能的研究水平实际上是极其低下的，研究难度是极其高的，从人工智能到人类智能尚有很多个无法逾越的障碍。以下从技术层面进行讨论：

（1）人工智能的研究对象是人类智能，它包括人类智能的主要器官——大脑的研究，从大脑神经生理的结构研究、大脑思维的研究（含形式思维与辩证思维）、大脑外在行为研究等方面，到目前为止，人类对此尚知之甚少。

（2）人类智能是动态活动的过程，即人类智能对外部世界的认识是一个不断变化、不断提高的动态发展过程。我们现在对这种动态过程的了解也知之不多。

（3）人类智能动态活动的过程是在一定环境下进行的。这种环境包括外部世界的人类社会与自然社会，同样，就目前水平看，人类对它们的了解也是极其有限的。

（4）计算机通过数据模拟人类智能中的外部环境。这种环境处于巨大时空多维世界中，这是一种多维、无限、连续世界，而计算机数据所能表示的仅是有限、离散的环境，因此用有限、离散的数据用于模拟无限、连续世界之间存在着的巨大差距。这种模拟只能说是"近似"，永远无法达到"一致"。

（5）计算机通过算法模拟人类智能中的智力活动。对这种模拟可分四个层次讨论：

第一，算法的可计算性问题：算法的能力是有限的，世界上的智力活动并非所有都用算法表示。这在算法理论中称为可计算性理论。也就是说，世界上的智力活动可分为两部分：一部分可用算法表示；另一个部分不可用算法表示。不可用算法表示的智力活动，在人工智能中是无能为力的。

第二，算法的复杂性问题：若智力活动是可计算的，则可用算法表示该活动。但算法在计算时还存在着计算的复杂性问题，即计算过程所需的时间与所占的空间问题，一般可分三个级别：指数级算法、多项式级算法及线性级算法。其中，指数级算法称为高复杂度算法，这种算法虽在理论上能计算，但是在实际计算中，经常出现计算变量在计算过程中其时间与空间呈指数级上升而使整个计算最终无完成。因此，算法的复杂性问题告诉我们，算法按复杂性可分两种类型：高复杂度算法与中、低复杂度算法。其中，高复杂度算法是无法用计算机实际计算的。

第三，算法的停机问题：可计算的算法还存在另一个问题，称为算法停机问题。它表示算法的收敛性，即在算法计算过程中会出现无法收敛而永不停机的状态。

第四，算法寻找问题：上面讨论的仅是智力活动算法的理论问题，它是寻找算法所需满足的最基本的条件。在这些条件框定下，人工智能专家任务是逐个寻找适合特定智力活动的算法，这是一种极其艰辛的创新活动过程。到目前为止，专家们所找到的算法仅是整个人类智能活动的九牛一毛。算法寻找问题是其中最重要的一环。

（6）计算机的计算力。计算机的数据与算法只有在一定的计算机平台上运行才能产生动态的结果，计算机平台上的运行能力称为计算力。计算力是建立在网络上的所有设备，包括硬件、软件及结构方式的总集成。其指标包括：运行速度、存储容量、传输速率、感知能力、行为能力、算法编程能力、数据处理能力、系统集成能力等。计算力是人工智能中计算机模拟的最基础性能力，目前计算力中的所有指标离人工智能及其数据、算法的要求差距甚大，而且很多指标无法在短时期内得以解决。

由此可以看出，人工智能的发展还将不断继续，对人工智能的研究任重而道远。

二、人工智能下高校图书馆智能服务优势

第一，对高校图书馆的空间进行优化。高校图书馆广泛运用人工智能技术后，读者便拥有了多样化的信息获取方式，因此，高校图书馆的传统文献资源无法对读者产生更大的吸引力，而且还会削弱图书馆所具备的文献信息服务中心的功能和作用，但是不断优化高校图书馆的空间有利于吸引读者更多的关注，还能够为图书馆留住更多的读者，增强读者对图书馆的黏性。图书馆要想提高自身的文献信息服务品质，就要从空间价值的提升着手，让读者有更舒适的体验。高校图书馆在文献信息智能服务中广泛应用人工智能技术，不仅可以进一步提高图书馆的空间效果和价值，还能智能化控制通风、温控和照明等环境因素，让读者有舒适的入馆体验，从

而吸引读者更多的关注，最终不断提高高校图书馆文献信息服务价值。

第二，对高校图书馆的文献资源进行整合。人工智能的迅速发展和广泛应用，改变了高校图书馆整合文献信息资源的方式。主要体现在，基于人工智能技术，一方面，图书馆可以对线上资源和线下资源进行整合，进一步丰富图书馆的馆藏资源，让读者在文献信息服务方面存在的个性化和多样化需求得到满足；另一方面，人工智能技术与检索技术的融合，能让检索系统迅速领会读者的检索目标，使读者利用简单的检索词就能在最短的时间内获取符合自己需求的文献信息资源。除此之外，高校图书馆还可以对人工智能技术中的大数据分析技术和深度学习技术进行广泛使用，深度研究和分析读者的阅读习惯、阅读兴趣和个人基本信息，将与读者需求相符合的信息服务及时发送给读者，从而在满足读者的个性化文献阅读需求时增加图书馆在文献信息资源方面的价值和意义。

第三，提高高校图书馆的服务品质。图书馆高效正常运行的核心始终是服务。在人工智能环境下，读者能够便捷、高效地获取信息资源，在信息获取方面拥有多样和广泛的获取渠道。基于这种条件，高校图书馆以往为读者提供文献信息借阅服务时实施的模式很难让读者现在的个性化需求得到满足，对高校图书馆为读者提供文献信息价值的增值服务非常不利。所以，高校图书馆要紧跟时代发展潮流，对服务理念进行升级，增强主动服务的意识，将具有针对性的文献信息服务提供不同的读者，从而提高服务品质。高校图书馆要充分发挥人工智能技术的作用，将多种类型的智能自助服务提供给读者，如在人工智能识别技术应用方面，可以让读者实现刷人脸进入图书馆、借还书籍等自助性操作。同时，高校图书馆还可以对智能机器人进行应用，将简单的引导和咨询服务提供给读者。除此之外，基于智能控制技术，高校图书馆还可以利用自动化的方式代替馆员部分重复、枯燥的工作，减轻他们的工作负担，使他们将更多的时间和精力聚焦在研究有效服务方面，从而为读者提供更优质和高效的图书馆文献信息服务。

三、人工智能下高校图书馆智慧服务模式

高校图书馆应用了人工智能技术之后形成的智慧服务拥有非常突出的优势，这要求图书馆充分发挥人工智能技术的作用，建立智慧服务模式，具体内容主要包括：

（一）智能服务环境

高校图书馆智能服务的基础和前提是营造智能服务环境，该环境由智慧设备和智慧空间构成。

1. 智慧空间

高校图书馆作为重要的文化中心和载体，其核心和重点始终在于服务。图书馆以人工智能技术作为基础和支撑建设智慧空间，目的在于营造出安全性高、具有一定氛围和比较舒适的阅读环境，让读者享受最佳的阅读体验。一方面，高校图书馆要对人工智能处理系统和感应系统进行灵活运用和广泛使用，对图书馆内的光线强度、温度和空气质量进行实时监控和自动调节，不仅有利于资源的节约使用，还能够为读者创设比较舒适的阅读环境。另一方面，高校图书馆还要使用智能安保系统，利用视频监控设备对进出图书馆的人员、馆内的电子设备和消防设备进行全天候的监控，让读者在图书馆内享受到最佳的阅读体验。

2. 智慧设备

智能化图书馆空间的设计、智慧设备的合理使用，都能让读者在图书馆内获得良好的阅读体验。图书馆积极应用人工智能技术有利于对馆内设

备进行升级和优化。在实际操作中，高校图书馆要将人工智能技术的功能和作用充分发挥出来，将 24 小时自助图书馆和网络图书馆等服务提供给读者，让读者获取资源的方式能够打破时间和空间的限制。与此同时，还可以将人脸识别技术应用到高校图书馆中，读者通过刷脸便能够完成选座、出入馆、借还书籍等多种行为和操作，如此一来，不仅可以对图书馆的服务程序进行简化，节省读者的时间成本，还能让读者在图书馆内收获到最佳的阅读体验。除此之外，智能机器人也可以在高校图书馆的智能服务中得到很好的应用，从而使读者在咨询服务和文献信息服务引导方面的需求得到满足，帮助馆员减轻工作负担，从而提高高校图书馆的文献信息服务品质。

（二）馆藏资源利用智能化

服务始终是图书馆的核心。图书馆要积极应用人工智能技术，实现以智慧推送和智慧检索为主的馆藏资源利用智能化目标，这样才有利于图书馆馆藏资源服务品质的不断提高，具体内容如下：

1. 智慧检索

在人工智能技术支持下，高校图书馆文献信息资源检索可以实现智慧化，便于读者便捷、快速地检索到所需要的文献资源。首先，检索方式的多样化。高校图书馆基于人工智能技术进一步丰富资源检索方式。而传统资源检索方式则是基于高校图书馆终端进行，而在人工智能技术支持下，可以进一步丰富文献资源的检索渠道，除传统检索方式外，还可以提供手机终端、智能机器人等智慧检索方式。不仅如此，高校图书馆可以充分利用人工智能技术将传统文字检索方式，转变为图片检索、音频检索等方式，使高校图书馆馆藏信息资源更加多样化，以满足不同读者的阅读习惯及需求。其次，进一步扩大检索范围。信息资源是高校图书馆提供服务的基础。随着时代的发展，读者对信息资源的需求不断增加，高校图书馆仅凭借馆藏资源，已无法满足读者的多样化需求。针对此状况，为提高信息服务水平，高校图书馆一方面要整合馆藏资源和数字资源，注重网络资源的获取与整合；另一方面，其要打破资源壁垒，建立全方位的资源共享渠道，这样才能优化资源配置，不断提高资源利用率，为读者提供便捷、优质的多样化信息资源服务。

2. 智慧推送

人工智能技术中包含的深度学习算法和大数据技术都可以在高校图书馆中进行应用，将具有个性化的智能推送服务提供给读者，让高校图书馆的服务模式从传统的被动型服务向现在的智能化主动型服务进行转变，促进高校图书馆在利用馆藏信息资源方面的价值和作用不断提高。首先，高校图书馆向读者智慧推送信息资源时，为了让读者多样化的信息需求得到满足，要将网络资源和馆藏资源全部推送给读者。其次，基于人工智能技术，高校图书馆可以对读者的借阅习惯和借阅兴趣进行深度分析，与读者的历史借阅书籍相结合，对读者潜在的阅读需求进行猜测，从而将准确的智慧推送服务提供给读者。最后，要用多样化的信息形式作为智慧推送的内容，图书馆为读者提供智慧推送服务时，不仅可以对文字信息资源进行推送，还可以把视频、图片、音频等多样化形式的信息资源推送给读者，让读者日益增长的趣味阅读需求得到满足，让他们在阅读方面获得更好的体验。

（三）读者服务

在为读者提供服务方面，高校图书馆智能服务模式要充分发挥人工智能技术的作用，为读者提供自助服务和人脸识别服务和智能机器人服务。

1. 智能机器人

随着人工智能技术的迅速发展和广泛应用，智慧机器人顺势产生，而且在高校图书馆智慧服务中发挥着重要的作用。智慧机器人在高校图书馆中扮演着咨询角色、安保角色、迎宾角色和信息资源盘点角色，有利于提高高校图书馆的智能服务化水平。从智能机器人为图书馆提供的迎宾服务来说，当读者走进图书馆的服务台时，智能机器人能对读者的实际需求进行自动识别或问询，并将读者所需的服务提供给他们。从智能机器人提供的咨询服务来说，主要是代替以往的人工咨询服务，智能机器人可以对开闭馆时间和节约注意事项等简单的问题回答读者的咨询。从智能机器人提供的盘点服务来说，智能机器人与用户下达的指令相结合，利用 RFID 阅读器对图书中镶嵌的 RFID 芯片进行准确定位，推动图书盘点可靠化和精准化的实现，一旦发现有图书放错了书架，便会将放错书架的位置实时显示出来。除此之外，智能机器人还会为图书馆提供安保服务，主要是将具有安保功能的智能机器人的作用充分发挥出来，让他们通过全天候 24 小时的音频监控和视频监控手段，对图书馆的异常现象进行报警，主动巡视和监控图书馆内的情况，有利于高校图书馆安保水平的显著提高。

2. 自助服务

智能机器人在高校图书馆中的应用只是图书馆智慧服务的体现之一，图书馆的智慧服务所包含的自助服务非常多样，主要有 24 小时自助图书馆、自助办证和自助借还等。以往高校图书馆实施信息服务模式时，图书馆会从时间和空间层面上限制读者，无法及时满足读者的需求，对于提升高校图书馆利用信息资源的价值非常不利。但是，随着 24 小时自助图书馆的不断完善和广泛应用，不仅打破了以往图书馆服务模式的时间和空间限制，让读者在文献查阅和图书借阅方面的需求可以随时随地得到满足，还进一步提高了高校图书馆利用信息资源的效率。除此之外，在信息资源服务方面，高校图书馆还可以利用自助存包柜、自助借还机等设备和作用，将更加便捷、高效的服务提供给读者。

3. 人脸识别服务

以人工智能技术作为基础的人脸识别技术在高校图书馆智能服务中进行应用时，经常通过自助借还系统和门禁系统来实现智能服务。其中，门禁系统是人脸识别服务在高校图书馆中的典型应用。就当前来说，许多高校图书馆都淘汰了以往刷卡进馆的方式，纷纷使用门禁系统进馆，如此一来，不仅能让读者在入馆时遇到的丢失或忘记携带门禁卡等问题得到解决，还有利于提高读者进入图书馆的速度和效率，帮助读者节约更多的时间。除此之外，高校图书馆在借书服务中也可以广泛使用人脸识别技术，读者刷脸之后便可以迅速地获取自己所需的图书，如此一来，能够推动高校图书馆人性化水准和服务智能化水平的不断提升。以往图书馆主要通过借书证向读者提供借书服务，如今读者在高校图书馆借书系统中利用刷脸的方式便能将自己的借阅信息登记好，一方面，推动了便捷智能服务的实现，使借书流程更加简单，还有利于提高图书馆的服务效率，最终提升图书馆的服务质量。

综上所述，如今的时代是以大数据和互联网为主的科学技术迅猛发展的时代，人工智能技术也进入了高速发展时期，深刻地影响着人类的生产生活模式和工作方式。特别是在高校图书馆服务上，高校图书馆智能服务模式建设和完善的重要技术支撑在于人工智能，而且该智能服务模式的目标是让读者在信息资源方面存在的个性化和多样化需求得到满足，推动高校图书馆信息资源服务品质和服务质量以及服务效率的全面提高。

第六章

高校图书馆学科服务与智慧化发展

第一节　高校图书馆学科服务的目标及特点

随着信息技术的发展，高校图书馆用户可以通过搜索引擎、网页获取信息资料，但是网络信息繁杂，信息筛选难度较大，用户怎样才能方便快捷地通过网站、搜索引擎获取需要的信息？高校图书馆为了给用户提供信息资源服务，应配合学校学科建设，主动学习国外学科建设的经验，延伸服务内容，开展适应学校教学发展和学科建设的服务模式，促进高校教学质量的提升。

学科服务从字面意义上可以理解为促进学科发展和研究进行的相关服务，也就是高校图书馆工作者为学校学科建设提供的信息资源和技术服务。

一、高校图书馆学科服务的目标

学科服务是高校图书馆为了适应学校学科建设的要求，为师生提供信息技术服务的具体内容。它改变了图书馆被动的服务模式，主动寻求为学校学科建设和服务的新模式，拓宽了图书馆的服务内容。高校图书馆的学科服务主要为了实现以下几个目标：

第一，满足师生多样化需求。高校师生由于教学科研的需求，在不同时期不同阶段对于学科服务的内容和要求也不同。因此，学科馆员要利用计算机、移动设备等现代信息技术，根据用户的实际需求，满足其多样化的需求。

第二，加强学科服务的建设与发展。高校图书馆在学科服务人员安排上，要安排具有专业基础的、掌握一定信息技术的图书馆馆员，还要加强与学校其他部门的联系，在学校内部组建一支具有高素质的学科服务团队，学校的专家学者提供专业的指导和规划，学科馆员在此基础上为用户提供信息资源服务，使高校的学科服务能够实现预期的效果和目标。

第三，深化图书馆馆藏资源的建设。根据学校学科发展的现状和师生对于学科服务的实际需求，图书馆要不断深化馆藏资源的建设，提高图书馆馆藏资源的建设目的性和指向性，满足学校学科服务建设的需求。

第四，提高高校的竞争力和图书馆的服务质量。学科服务是一个动态的不断发展和变化的服务模式，在没有具体可借鉴的发展模式下，需要图书馆在实际工作中，不断摸索和研究管理方式、服务内容、学科馆员和团队的建设等相关问题，根据师生的反馈和建议，不断修改完善学科建设的一系列问题和内容，提高学科服务质量。为学校的学科建设提供理论支撑和技术支持，营造学校良好的学术氛围，使学校在学术研究领域有所突破，提高学校的整体实力。

二、高校图书馆学科服务的特点

与传统的文献传递、咨询服务相比，高校图书馆的学科服务更注重知识服务以及知识服务的过程，其特征主要体现在以下方面：

第一，主动性。由于学科服务意识的转变，学科馆员会主动地与用户交流，及时了解用户的信息需求，为用户提供需要的信息，是一种主动的服务。

第二，高效性。信息技术的发展，高校间的信息资源都实现了共享。在资源建设和发展过程中，形成了完善的学科服务体系，为用户创设了获取信息的便捷条件，节省了用户获取信息的时间，提高了用户的工作和研究效率。

第三，学术性。学科服务是为用户提供专业和学术研究需要的提供的信息资源服务，这是高校图书馆为服务学校教育科研工作而提供的深层次服务。学科馆员不是简单地为用户提供文献资源信息，而是根据文献资源信息进行统计分析后为用户提供的知识信息服务，这种服务更具有创新性，直接推动学校的学科建设。

第四，专业性。学科服务作为一种服务方式和理念，从服务的对象、服务的内容和服务的模式来看，都具有较强的专业性。学科服务是为专业和学科教师提供教学研究的知识信息和技术服务，服务的内容是围绕教学和专业进行的研究活动，作为学科馆员来说，为用户提供学科服务，自身必须具备一定的专业知识和技能，才能较好地开展学科服务工作。

第五，知识性。学科馆员和用户之间进行的学科服务活动，是信息知识的加工、提炼和整合的过程，它是一种深层次的知识化和智能化的研究性服务。

第六，动态更新性。学科服务提供的服务内容不是一成不变的，是随着信息资源的更新、专业学科研究的深入、社会经济的发展随时变化，而动态更新的。

第二节　高校图书馆学科服务的内容解析

一、高校学科服务的基本内容

世界万物总是在波浪式地前进，螺旋式地向前发展。人们对学科服务的认识也是随着学科服务的向前发展而发展的。虽然对学科服务的认知众说纷纭，但是随着时代的前进和环境的不断变迁，人们的认识也在不断地深入，从而推动学科服务也不断地走向深层化。高校学科服务主要为教学与科研服务，包括以下基本内容：

（一）课题的确定与对口服务

一般课题的立项由教师或政府有关部门提出，经过负责人写出并发表课题设计报告，专家鉴定，有关领导批准之后立项。课题立项之后，图书馆就有了"定点服务"与"跟踪服务"，或称"对口服务"。图书馆开始系统地对有关课题的信息进行大量的搜集，去粗取精地筛选，集零为整地整理，并将整理好的信息定期或不定期地提供给教师，尽可能满足用户对信息的需求。对口服务是一种最基础的服务。课题负责人按照图书馆的要求，填写对口服务委托书或科技查询的合同，并向图书馆介绍此课题的需要度，与目前国内外有关的研究状况，课题所达目的，所需的环境、设备、资金、材料、人员构成、生产接收单位、如何移交生产及产品需求程度等，根据课题负责人的介绍，图书馆确定检索信息时间，文献类型、语种及地域，进而选定有关的兄弟院校及有关的图书馆和有关地区的图书馆，确定查询工具及有关数据库，制定检索步骤及方法，提供检索到的文献资料，组织索引及翻译校对工作，并将有关资料分课题类别整理归纳，进入库存档案。

（二）学科文献资源馆藏建设

学科文献建设，包括图书馆和对口服务单位的纸质印刷文献和电子文献的使用情况分析和评价，协助制定馆藏建设方案。对学科文献建设而言，高水平的图书馆文献具有覆盖面宽、动态性强、多载体化的特点。图书馆要在用户需求与资源保障之间架起一座沟通的桥梁，并加强与用户之间的联系，帮助用户了解图书馆有关学科的文献资源与特色馆藏情况，包括各类数据库、电子期刊、（电子）图书和多媒体资源等，掌握相关学科的学位论文、名人捐赠等特色收藏，了解用户对图书馆书刊、电子资源的意见及需求情况，帮助用户充分利用图书馆的文献资源，为用户提供最基本、最全面的资源保障。

文献资源建设与学科服务是学科馆员职责的重要组成部分，也有学者强调馆藏建设是学科服务的核心和学科馆员制度能否有效实施的关键。美国有不少高校图书馆学科馆员的职责中就涵盖负责学科的资源建设到利用的全过程。随着图书馆学科服务工作的深入开展，学科馆员在与学科用户的密切交流和沟通中，对该学科发展与前沿预测有大概了解与认识，熟知该学科文献主题范围与内容选择，在文献资源的购买与建设方面能够给出相对科学与准确的意见和建议。因此，学科馆员在图书馆学科文献资源和馆藏建设方面，具有举足轻重的作用和影响。

（三）学科专题数据库的资料建设

专题研究是课题研究的组成部分，一个课题是分成若干个专题研究进行的，也可以研究专题看成是研究课题的一个分支或一个阶段。一个研究课题可以由几个人按专题研究的顺序进行，也可以将课题研究人员每个人做一两个专题同时进行或先后进行。数据库按学科分类，学科按研究课题分类，而研究课题按研究专题分类。也就是说，数据库中有特定地区、行业、专业、课题、专题。这样的组织方法可以使用户很快查询到有关的文献资料及本地区的各种资料之间的联系。通过这样的分类，可以更有效地将教学人员、科研人员、教辅人员、行政人员进行及时的整合。将软件与硬件配套，将网络虚构资源与馆藏实体资源有机地结合起来。这种结合是动态的、变化的、及时的，是随着教育的发展与科技的发展而增强的。这样，可以进一步提高教学与科研水平，从而提高国家与民族的整体科研与教育水平。至于资料的形式，可以同时有索引、文献、摘要、译文、专利、专题报告、图书及刊物等一系列的实用的检索形式，来表现进展的内容。

（四）开展各种用户培训服务

图书馆的学科服务对象与目标明确，提供了诸如图书流通借阅、用户培训、数据库资源等基础服务。图书馆高度重视对用户进行利用文献资源的各种培训。用户培训包括以下内容：

1. 个性化指导与培训

每个科研工作者都有自己对文献信息与数据处理等方面的独特需求，在学科服务方面提供面对面、一对少、甚至一对一的辅导、帮助和培训显得极为重要。既能调动读者的积极性，使其积极参与到课程计划中，又能针对课程内容提供相关的学术资源检索知识及技能培训。Web2.0时代的特点由单纯的"读"向"写"以及"共同建设"发展，由被动接收互联网信息向主动创造互联网信息发展，最常见的交互方式有电子邮件、表单、留言板、微博、QQ、微信等。学科馆员在面向不同用户群提供个别指导与培训的过程中，积累了丰富的指导与培训经验，能够完美展现了图书馆的崭新形象和学科馆员良好的专业素养。

2. 信息素养教育

利用学科馆员具有专业背景的优势，图书馆所开展的学科服务内容之一就是多类型、多层次、全方位信息素养教育。信息素养教育具体包括面向全校的开放课程、馆内滚动培训、用户入馆教育、特色专题讲座、信息专员计划、嵌入式课程或讲座等多维拓展内容。北京大学图书馆开放的信息素养课包括《电子资源的检索与利用》《信息素养概论》和国家级精品视频公开课《数字图书馆资源检索与利用》；每个学期都会开设一小时讲座，并且根据用户反馈进行主题更新和升级，大致方向包括："新手上路"（概览性、知识普及性讲座，针对新生）、"解锁数据库"（针对本科高年级或研究生的数据库检索案例讲解）、"激发学术激情"（针对论文写作、开题选题、研究结果展示等的手把手指导）、"软件达人"（数据处理软件的培训与交互式指导），吸引了众多研究生、访问学者和部分老师的关注与支持，并收到良好反响。

3. 其他形式

深入了解相关用户的科研情况和学术发展动态，为相关用户提供咨询与培训服务，通过带领参观、电话沟通、提供书面材料、现场专业信息培训、参加邮件组讨论、网上培训等方式及时解答用户问题，协助用户进行相关课题的文献检索和提供定题检索服务，与院系学术带头人或科研团队建立联系，逐步做到有针对性地为教学和科研提供不同形式的咨询服务。

（五）建设图书馆学科服务平台

学科资源导航或平台建设的目的在于将与某学科相关的图书馆馆藏资源和网络学术资源进行统一提取与梳理，在同一个界面或平台上展示给用户，不仅节约了用户的检索与甄选成本，而且有效解决了日益增长的网络资源与用户有限时间获取到准确信息之间的矛盾。高校图书馆在支持教学和科研方面建立多个导航，但各高校之间略有差异，主要包括学科导航（subject guides）和课程导航（course guides）两类。

当学科服务的发展经过一个阶段之后，高校图书馆的学科服务平台建设也就提到日程上来，因为信息技术需要有这个加工工具，用户与图书馆两个方面都有这个需求。它是用户与图书馆的交流专用信息平台。利用网络、信息与计算机技术，智能化地精心组织与加工信息，有针对性地为用户服务，是图书馆为高校教师的教育及科研服务的重要手段。图书馆服务平台目前有图书馆导航(Lib Guides)平台和信息门户(Information Door)平台。

学科资源导航（或平台）建设是图书馆提供学科服务的重要内容，借助学科馆员对学科专业知识信息的收集、整理、加工、组织与分析等能力和在图书情报领域的专业能力和网络服务能力，建立面向学科和教学科研用户需求的学科导航，为用户和图书馆工作人员快速定位信息资源提供了极大的便利。

（六）宣传图书馆资源与服务

院系教师和科研人员忙于教学与科研活动，往往无暇了解图书馆提供的馆藏资源和学科服务，学科馆员有责任和义务对图书馆开展的业务与资源进行宣传推广。在调研分析用户需求的基础上，有针对性地推送资源服务和旨在提高院系师生信息素养的培训课程。目前，高校图书馆的宣传推广图书馆资源与服务主要在以下方面展开：

第一，不断加强宣传力度。通过加强与院系分馆合办活动、向院系投放宣传单，邀请院系在图书馆举办各种活动、在学校网站门户宣传、馆内大屏幕巡回播放图书馆学科服务介绍等方式，加强对图书馆的学科馆藏资源、数据库、数据处理软件培训、学科服务产品的宣传力度，促进用户对图书馆提供学科资源与服务信息进行全方位把握，让更多用户更直观地看见学科服务的优越性和可利用性。

第二，深入教学与科研一线。许多高校图书馆的学科馆员在最近几年纷纷走出图书馆，走向教室课堂、实验室、设计室、院系培训会议等空间，主动与教学科研用户、院系领导等进行交流，详细介绍高校图书馆的学科资源与学科服务，使用户与图书馆之间建立无障碍的信息渠道和供需沟通，提高图书馆的学科化信息服务能力及工作效率。直面研究人员，学科馆员可以根据其科研需求和面对的问题，有针对性地向科研人员进行宣传，改变研究人员对图书馆服务的原有认识与误解。

第三，借助多元载体开展宣传推广活动。Web2.0 时代为图书馆的学科服务带来了前所未有的机遇，各高校图书馆纷纷借助多元载体对用户开展多种类型的宣传与推广活动，如：创新的传媒技术和营销手法；定期与出版社、高校和企业协会合作举办学术性的讲座和展览会；推广图书馆新书博客、学科博客、在大厅和休闲空间张贴时尚宣传图片和主题海报等。

（七）提供针对性个性化服务

个性化学科服务主要是依据用户的科研偏好和习惯等，满足用户个体需求的学科服务。根据用户的特定需求，将与用户所从事学科领域或主题相关的文献资源、数据、特色馆藏等信息进行挑选、梳理与分析，帮助学科用户提高对所需资源的利用广度和深度。定期或者不定期地举办对各种数据库资源或数据分析软件等的使用技巧培训，并长期提供相关信息的介绍与宣传，对重点服务对象实施定期跟踪服务。根据学科或主题需要，量身定制新书通报、文献题录信息及研究方向预测分析、热点趋势分析报告等信息。目前开展的个性化服务主要包括信息推送服务、信息检索服务、课题检索服务、信息中介服务等形式和内容。在大数据环境下，出现基于用户行为建模与大数据挖掘的图书馆个性化服务研究，给出基于流行的 Hadoop 大数据分析平台和 MapReduce 计算框架的图书馆个性化服务的应用案例。大数据技术在图书馆个性化服务中的应用越来越广泛。

（八）图书馆学科信息服务团队化

现在的科研，一方面学科的分工越来越细，另一方面研究项目的涉及面越来越广。一个研究项目往往不是一两个人就能顺利地完成的，需要组织一个目标团队。图书馆馆员与用户的协作本身就是一个团队，再加上校内外的协作和地区内外的协作，范围变得更加广泛。所以，馆内外、校内外、地区内外在一个共同的目标下，需要建立一个学科的协作团队。可以说，科研项目使学科服务针对性地实现了，而信息服务团队化使学科服务得以更高效地进行。

二、高校图书馆学科服务的重难点

在 20 世纪 90 年代以前，众多高校图书馆的业务主要以满足师生的日常图书与资料的借阅为主，图书馆的发展长期处于缓慢甚至停滞的状态。但目前来看，图书馆的常驻群体以本科生为主，他们更多的是青睐这里优越安静的环境，在这里上自习。在新的大数据环境下，我们应将图书馆功能进行升级，深入探讨新时期图书馆所扮演的角色，如何让更多的资源得到充分的利用，如何让更多的科研师生在足不出户的情况下，也可以充分利用图书馆的馆藏资源和服务，解决他们在各自专业上的资料与数据需求。为此，我国高校图书馆学科服务的重点与难点主要集中在学科服务体系的规划与设计、学科馆员团队建设及其素养培训学科服务连贯性与有效性的监管体系。

（一）学科服务体系的规划与设计

高校图书馆的主要任务是服务本校的教学、科研与学科建设，为此，在制定学科服务体系之前，应进行充分的调研，包括全校研究生、科研教学人员的需求，科研部、社科部、学科办等学校职能部门，学校的规划及要求等。同时考虑到本馆的发展规模与团队建设。制定相对完善的学科服务体系，涉及与原有服务体系的衔接和创新提升、新服务业务的开展、专业化馆员团队的培植、学科服务工作的培训与监督管理机制等。在实施一段时间后，要进行实施效果的自评与他评活动，调整规划目标与任务。

（二）学科服务资源的建设

1.印刷型学科服务资源

印刷型学科资源又称传统型学科资源，中华文化有记载的就有五千年了。载体从甲骨、钟鼎、皮毛、编到纸，文字从甲骨文、钟鼎文、魏碑到篆、棣、楷、行、草，再到简化字、拼音字，都属于这个体系。网络化、计算机化、信息化下的电子文字信息，是另外一类信息。这一类文字信息虽然是后起之秀，但是发展迅猛，且信息文字传播速度远大于传统文字信息的传播速度。虽然曾经有人提过无纸化办公，但由于断电、死机等现象的存在，至今无法完全实现。当前，两种文字信息同时存在，也可以说是平分天下。传统型学科资源的优点在于可以保存与发扬悠久的文化传承。一旦购买了它，可以长期保存，随取随用，同时有收藏价值，比如书法绘画作品。这是电子信息无法完全替代的。传统型学科资源还有一个优点，就是便于人们延续读书的习惯，特别适合推广全民阅读。国内的图书馆与新华书店，现在也在推出了阅读空间，这就是全民阅读的一种推广形式。

2. 数字型学科服务资源

数字型学科资源受软件硬件设备条件的制约，停电、死机、软件坏、硬件不灵等常会影响阅读，而传统阅读任何时间、任何场合、任何地点，只要有图书，都可以进行。在真实可靠性方面，传统阅读也具有独特的优势。因为每出版一种图书，都要经过真实性、法律性、道德性、科学性及知识产权的审查，比较安全可靠。

数字型学科资源，目前包括电子书本阅读、电子期刊阅读、网页、多媒体与数据库等形式。它的优点是储存数量巨大，一张光盘可以储存 3 亿文字，比如 20 万字一本的书可以储存 1500 本。其品种类别十分丰富，分磁介质载体与光介质载体两种，比如光盘、U 盘、移动硬盘、磁鼓、磁带等。电子信息交流快捷，从手机用 QQ 或微信下载到计算机，在计算机上接入 U 盘、光盘或移动硬盘，从而接入电视机。

但电子信息载体也有缺点，最大的缺点就是保存时间不长。无论是 U 盘、光盘还是移动硬盘，其寿命也就 10 ～ 30 年，而宣纸可以保存 1000 ～ 2000 年，绢可以保存 300 年。所以，传统资源信息与电子资源信息，最可靠的方式是两者同时保存。

3. 学科馆员团队建设及其素养培训

学科馆员是高校图书馆学科服务的灵魂与核心，其专业化素质会影响到学科服务的专业认可度，服务影响力与效果等等。为此，学科馆员团队建设及其素养培训是重中之重，必须加以强调和重视。学科馆员团队可以根据学校的学科建设进行配备，比如北京大学以学部的形式进行学科馆员的组建，同学部内部配有若干学科馆员，方便馆员对院系提供协同服务。

同时，学科馆员除了具有专业的文献检索、数据处理，平台建设等图书情报专业知识，还要对所负责学科的基础内容有相对专业的了解与认识，以及其他的能力，包括服务意识、沟通能力、创新能力等，在其素养培训过程中，注重挖掘学科馆员的优势特长，给其足够的创新自由和空间。

4.学科服务连贯性与有效性的监管体系

若想为全校师生提供高品质、有影响的学科服务，必须保障学科服务的连贯性与有效性，但这些确需要全馆服务体系的配合以及对学馆服务的监督管理。学科服务会涉及图书馆的全馆服务体系，包括资源采购及编目、图书借阅及馆际互借、参考咨询，文献检索、用户软件与工具培训、学科发展热点分析等，这就需要全馆上下的一致配合与协作，相关部门在资源、技术、工具相关知识与技能等优势要转化为学科馆员的能力，满足学科服务的一切需要。学科服务是全馆业务的灵魂，全馆应着重培养馆员调动各方资源的组织能力，提供准确高效的学科服务。

三、高校图书馆学科服务的模式

图书馆的学科服务模式是一步步向前发展的，开始只是建立学科的馆员服务，后来经过一系列的改进与完善，进入团队化的学科服务，再后来进入以教学科研为主的嵌入式学科服务，这样就将学科服务模式推广到一个新的高度，顺利地将学科服务的中心地位从图书馆移向了用户，同时点对点的学科服务也过渡到面对面的学科服务。这样来说，学科馆员模式是基础，学科分馆模式是深入推广，信息的学科服务模式是手段，嵌入式学科服务模式是宗旨。

（一）作为基础的学科馆员服务

图书馆的基础队伍是馆员，学科服务这一新的主要任务理所当然要由馆员来承担，因而学科服务就是图书馆馆员为主要承担者而量身定做的，给用户的一种对口服务。图书馆馆员是图书馆学科服务的核心力量，学科服务是以图书馆馆员与用户之间以知识资源作为桥梁的一种服务。这样，图书馆的简单的信息服务也就转变为较为复杂的知识服务，服务的主要形式为图书馆馆员与用户之间的联络沟通、用户的查询资源的培训、用户的参考咨询、图书馆馆员深入参与学科资源建设等。由于资源的来源方式智能化、电子化、信息化、网络化，而资源的来源又具有综合性、多层面性、深入性与复杂性，因此他们所需的服务也从普通级向专家级过渡。

（二）模式向学科分馆发展

随着学科服务的深入化，学科、专业、知识层次越来越复杂化，图书馆需要保证重点，兼顾一般。欧美国家首先开始采取学科分馆模式。分馆分为一级、二级、三级，一级为学科服务，二级为专业性服务，三级为研究方向。这种三级分馆的方法也融入了教学课程体系，这样分层次便于进行调配组织和图书馆的馆员力量，提供检索、取舍、加工、综合和实际利用。资料的收藏也以分馆为核心，此方法在我国已经用于北京大学等图书馆。

（三）门户式学科信息服务模式

门户式学科信息服务模式是在数字信息服务环境下形成的，它将学科领域的信息资源、信息的使用工具及信息的综合集成归结于一个模块，使用户更加方便地进行信息检索与对口服务。门户式学科信息服务分为综合性、多门性与单门性等几种，用户在其中可以进行学术性或知识性的讨论与交流。在这里，可以有学科信息发布、学科信息导航，学科信息检索、学科信息咨询、学科论坛、学科信息反馈、学科信息推送等多功能服务形式。

（四）学科服务的嵌入式模式

学科服务的嵌入式模式，即所谓"门户对门户"或"门对门"的学科服务，这种嵌入可以说是从始至终、从头到尾的学科服务。

在学科服务的嵌入式之初，首先要了解各院系的教学安排。也就是说，从教务处的教学计划表开始，就要访问各系主任，看什么是重点教学内容。要参加各系部的教学讨论会与科研安排会，要与系里有重点科研任务的老师和有重点教学任务的老师多接触、多交流多了解、多沟通，深入地全面地了解老师在这些科研任务与教学任务方面的资源需求。

另外，要根据科研与教学任务方面的进展情况，动态地、有目的地搜集有关信息，同时也听取读者的反馈信息。学科馆员要参加对科研的立项讨论，学术跟踪有关科研的重点难点解决情况及有关资源的及时提供，研究课题及研究专题的每一项成果都要及时归档。

学科馆员有时就是学科团队成员，对课题的策划、课题的立项、课题的内容有自己的分析与见解。论文发表前的讨论、成果评价的专家意见方面，都要有嵌入式服务。这些是进入深层次的学科服务必不可少的过程，也是提高图书馆馆员水平的一个重要方面。

第三节　高校图书馆学科服务的发展策略

一、增强学科服务平台建设

（一）树立学科服务平台建设意识

图书馆首先要树立信息公平意识，高校图书馆的学科资源应该在保障教学科研任务的基础上最大限度向社会开放。学科服务平台是教育教学的工具，学科服务平台给用户带来教育体验，而不是信息的不平等。图书馆专业专家程焕文强调免费服务是平等使用图书馆资源的基本保障。其次要树立学科服务意识，高校图书馆要保证学科服务平台的数量和质量，积极发展本校优势学科，增加优势学科指南数量，满足用户对学科信息的需求。最后要树立共建共享意识，发挥图书馆的主动性，加强与其他国际国内图书馆的交流与合作。各高校独立建设学科服务平台因自身基础、资金问题会影响学科服务的质量，只有共建共享才能提高高校图书馆学科服务的质量和效率。

（二）明晰学科服务平台定位

首先，需要明确学科服务平台的功能定位，完整的学科服务平台应该具有信息推送与发布、资源整合与检索功能、参考咨询等服务功能。其次要明确平台内容定位，细化学科分支，将每个重点学科细化为若干个主要的研究方向，对每个学科研究方向建设相应的学科网页，形成"院系—学科—研究方向—学科网站"逐级细化的学科服务平台。每个学科网页应为学科用户提供有指导建议的学科信息资源，而不是消息通知或新闻报道。最后，根据需要合理选择平台类型。一方面高校图书馆应充分利用国内外免费学科信息门户，将其分门别类链接在学科服务平台中；另一方面，图书馆应根据自身实际情况选择合适的平台类型。如学科网页具有制作成本较低、快捷性等优点；LibGuides 平台导航性较好；Subject+ 平台分析功能较好；纬度学科信息服务平台的资源聚合重组能力高，方略学科导航平台对灰色文献资源的搜集全面等。综合实力较强的图书馆可以使用LibGuides、纬度学科信息平台等国内外较为先进的学科服务平台。实力较弱的中小型高校图书馆，前期可以使用学科网页搭建学科服务平台，后期再根据自身发展情况选择其他类型的平台。另外图书馆还可以根据高校学科建设目标与商业机构合作，建立拥有自身特色的学科信息服务平台，如学院数字图书馆、学科特色数据库等。总之图书馆不应盲目跟风，应该根据实际人力、财力、物力条件选择合适的学科服务平台。

（三）不断丰富学科服务平台的内容

一是整合学科资源，包括纸质资源、电子资源与网络资源，通过学科服务平台实现按文献类型查找资源转变为按学科资源导引。

二是按照用户的使用习惯，建设读者推荐列表、资源荐购或是学科馆员推荐好书。

三是按学科用户需求提供学科动态、信息素养培训讲座、特色数据库等。学科馆员还可利用学科服务平台创建课程导引，开展嵌入式教学。

四是与各院系深入合作，将各种不同学科的教科书纳入学科服务平台，通过检索查找教师提供的课程教材，并链接到图书馆馆藏书目检索系统，方便用户找到电子全文。

二、加深学科服务资源建设

学科资源建设是高校图书馆建设的重点。高校图书馆应通过组织学科馆员通过问卷调查或走访的形式，调研搜集用户需要而图书馆没有的文献信息资源，在后续的图书馆采购中将其补全完善，实现学科用户查阅文献信息的需求。此外，在"互联网＋"模式下，数据信息资源更为丰富，高校图书馆应根据自身优势，积极建设特色数据库。结合本校自身的学科特点，购买国内外特色数据库资源，组建并不断完善一些突出特色、富有个性化的学科数据库，使文献资源与虚拟资源之间相互支撑和互补，从而实现加强学科资源建设的目标。

（一）深化学科分析与评估

高校图书馆应深化学科分析与评估，运用网络计量学方法，结合教育部学科评估标准，利用 ESI（Essential Science Indicators）学科评价分析体系、Web of Science 平台的引文分析工具等，对学科信息进行深度挖掘与多方面评价分析，提供包括学科结构、学科前沿主题、学科期刊及影响因子、学科热点、学科发展态势等信息，为用户提供高价值的精准化服务，从而为高校学科发展与决策提供可靠依据。如万方数据在 2019 年新上线的学科发展评估平台，该平台包括基础版的学术统计分析平台与专业性的学科发展评估平台两部分。学术统计分析平台具有机构科研产出趋势、探究机构研究主题演变、发现机构著名专家学者、追踪机构基金资助动态四大功能。学科发展评估平台嵌入 ISTIC（Institute of Scientific and Technical Information of China）评价体系，包含中国高校产学共创排行榜、中国高校论文产出矩阵、中国高校专利产出矩阵、中国高校学科融合指数、中国高校国际合作地图、中国高校科教协同指数六个部分，从不同维度来评价和分析学术建设状况，支持可视化报告的下载分享，助力"双一流"环境下的学科发展。

（二）增强特殊资源建设

首先加强对网络学术资源的利用，特别是 OA（Open Access）资源。OA 资源的建设对图书馆应对信息大爆发挑战、满足用户信息需求、缓解图书馆经费危机等具有重要意义。国内外质量较高、较为权威的 OA 资源站点包括 Socolar、中国科技论文在线、中国预印本服务系统、DOAJ（Directory of Open Access Journals）、OpenJ-Gate、BioMed Central、Highwire Press、SciELO 科学在线图书馆等，高校图书馆应结合本校学科建设情况对学科 OA 站点或 OA 站点中的学科信息资源进行分门别类地搜集与整理，促进科研与学术成果的交流与传播。

其次加强"灰色文献"与"类白色"学科文献资源建设。灰色文献指非公开出版的文献，包括非正规出版物及尚未经过技术手段进行系统处理的有文献价值的资源，如内部刊物、会议资料、本科学位论文等。白色文献是公开发行的文献，人们将介于灰色和白色之间通过社交媒体等方式将信息公开的文献称为类白色文献，包括博客文章、网络原创视频、论坛消息及会议信息资料等。这种类型的学科文献资源多半是行业内部消息、学科领域最新信息、最新研究成果等，具有稀缺性、部分文献的唯一性及特殊的学术价值，图书馆应使用各种媒体、软件等工具搜集与整理此类文献。

另外，整合已经弃置的学科服务平台资源，如将已经停止更新的学科博客作为资源列表嵌入到目前使用的学科服务平台中等。最后图书馆应关注交叉学科资源建设。交叉学科作为一种新型的学科组织形态对于高校多学科共同发展与合作具有重要意义。图书馆应积极关注国内外大型交叉学科项目信息、交叉学科学术论坛与会议和各种跨学科研究中心发布的消息动态等，对涉及两门或多门学科信息的学术资源进行搜集归类。运用一定的引文分析方法对学科自引与他引、学科共引与共被引行为进行分析，发现相关学科之间的交叉、渗透关系和衍生趋势，促进学科的交叉与融合。

三、积极完善学科知识服务体系

（一）完善学科知识服务制度体系建设

目前国内高校图书馆学科服务建设制度不完善。在今后的建设过程中，高校图书馆需取得各方的支持与配合，尤其是学校层面的统筹规划，从宏观层面来规划图书馆学科服务的发展方向。此外，图书馆作为领头人，需在学校、图书馆和院系三个层面构建立体的统筹协调机制，加强学校、图书馆与院系之间的联系与合作，从而实现保障学科服务建设的长久运行。

1. 加强学校的宏观统筹作用

高校图书馆的学科服务建设需要学校政策、资金以及专业人才的支撑，同时需要院系的支持与配合。为了确保学科服务的长久发展，学校应从宏观层面重新审视、定义学科服务，明确学科服务的具体目标与实际价值，从长远的角度对学科服务工作进行整体规划。学校作为统筹者，应在政策和资金上给予支持，明确各院系参与图书馆学科服务的规章制度，以调动院系教师和图书情报专业教师参与学科服务的积极性，推动图书馆学科服务的有序开展。

2. 增强学校、图书馆与学院之间的联系

图书馆是学科服务工作开展的主体，图书馆有丰富的馆藏资源，但仅依靠图书馆自身不能实现学科服务工作的有序开展。因此，图书馆应以学科服务建设为基础，加强与学校、院系的沟通。科学、合理的规划学科服务工作，协调学校的资金与人才资源为学科服务工作的有序进行提供保障。另外，图书馆还需联系各院系，取得院系的支持与配合，使院系深入图书馆学科资源建设的方方面面，同时也可让学科馆员参与到院系的科研工作中去，真正实现学科服务为教学科研工作保驾护航的作用。

3. 确立一套完整的学科服务管理机制

高校图书馆学科服务实践现状的调研结果显示目前我国高校图书馆学科服务工作的开展仍缺乏完整的管理机制，因此，高校图书馆需确立一套完整的学科服务管理机制，设置具体可操作的学科服务工作制度，明确学科馆员的工作职责。加强学科服务评价体系的建设，通过用户的评价，让学科馆员找到自身服务中存在的问题以及需要改进的地方。

此外，还需建立相应的激励机制，采用绩效考核的方式，对学科馆员的服务与质量进行一定的奖惩，通过服务质量、开展讲座等活动进行评价考核，实现学科馆员的工作质量与收入成正比。对于工作成绩突出的、对学科服务的发展有重大贡献的学科馆员给予物质上和精神上的奖励，以此来调动学科馆员对于学科服务发展的积极性和创造性，进一步推动学科服务的发展。

（二）积极构建学科知识服务体系

目前我国高校图书馆学科服务类型多样且较为分散，没有形成系统的学科知识服务体系。图书馆应构建由图书馆基础服务、学科信息服务、学科情报服务组成的学科知识服务体系。图书馆基础服务是学科服务的基础，图书馆应提供借阅服务、预约服务、学位论文提交、文献传递、资源荐购等服务，满足用户对文献信息的需求；学科信息服务是学科服务的主要部分，侧重于学科信息资源的推广与利用，提供学科资源导航、学科动态推送、学科专题咨询、科技查新、查收查引、学术规范与投稿指南等服务，满足用户的学科信息需求；学科情报服务是学科服务的升级与延伸，针对学科建设目标，依托图书馆资源优势以及学科馆员专业的情报分析素养，借助相关文献计量学方法，为用户提供基于学科事实、数据、文献资料等高度定制化的学科知识服务和情报产品。通过提供学科分析、学科评估、知识产权服务、智库服务、决策咨询服务等保障高校的科研与决策。如"中国科学院机构知识库网格"平台，在学科分析与评估服务方面较为完善，主要包括知识审计和科研评价两大板块，用户可根据学科或机构分类来查询相关信息。知识审计板块分为汇总分析、分布排行、趋势分析、利用排行四方面，主要对学科数据进行统计，囊括学术成果总量、全文开放量、成果类型、时间分布、存缴趋势、下载引用等信息。科研评价板块包括科研产出能力、科研论文生产力、科研论文影响力、机构对比分析四方面，囊括 ESI 论文收录、SCI 收录、国际论文数、合作论文数、论文被引率、机构 H 指数等信息。

此外，还要保障用户需求在数据资源层的核心地位。数据资源层主要起到对数据信息、学科资源进行收集、整理、存储以及备用的作用，作为学科服务平台建设系统的基础层，它不仅包含各个图书馆内的数据库等资源，更包含用户需求的潜在信息。因此，在这一层面要以用户为核心，收集整理学科用户的各方需求，利用人工智能技术，对所收到的信息进行分类，根据用户的使用频率来购买针对性较强的、利用率较高的以及较为全面的数据库，实现为不同类别的学科用户提供全方位的知识服务的目标。

四、提升学科馆员队伍水平

（一）组建学科服务团队

首先，图书馆根据学科服务院系及专业数量建立相应的学科馆员团队。一方面由院系专家教师、专业学科馆员提供精准的学科咨询与决策服务，另一方面图书馆应与学生社团等合作，由图书馆员、学生顾问及学生志愿者组成服务小组提供委托检索、学科信息导航等基础性的学科服务，保证学科馆员数量及服务质量。如美国康涅狄格大学图书馆建立由"指导组—学科馆员—馆内各部门支持人员"组成的上、中、下三级团队组合模式，而马里兰州大学图书馆则形成"学校图书馆委员会和院长会议—图书馆馆长—学科馆员—院系联络人"四层学科服务体系，强调学科服务的核心是"学科馆员和院系联络人一起工作，加强交流，改进图书馆资源和服务"。

其次，要引进具有不同学科背景的高层次人才，加强学科馆员素质培训。随着信息爆发式增长、学科分支逐步细化、跨学科研究不断发展，用户信息需求越来越精确，进而对学科馆员的综合素质也提出了更高要求。新环境下学科馆员应具有相关学科背景知识、数据处理能力、网站创建能力、熟练使用学科工具与方法的能力、较高的计算机水平及外语水平等素质。特别是近几年基于数字学术的发展热潮，国外一些高校图书馆还出现了专门招聘负责数字管理的图书馆员。在这样的环境下，图书馆应该通过开展学术知识讲座、学科服务能力培训、召开学科服务会议论坛、支持馆员出国深造等方式提升学科馆员能力。

最后，建立合理的学科馆员工作评价系统，根据一定的量化指标对学科馆员工作情况及服务效果进行评价，建立相应的奖罚机制，保证学科服务质量，提高学科服务水平。

（二）增加学科服务团队人员数量

高校图书馆应面向社会进行有针对性地招聘学科馆员，聘用学科基础扎实、学科专业背景强并能熟练掌握计算机技术的专业人才，对有丰富教研经验的校内科研人员也可以进行招聘，通过筛选组建一支高效的、专业的学科服务团队。

（三）落实助力教学科研工作

据调查，大多数高校均明确了现阶段学科馆员的主要工作，其中包括与院系教师对接，助力教学科研工作。但仍有部分高校因学科馆员的人数限制，这一工作并未能得到实际开展。因此，在未来的发展中，高校图书馆应就不同院系或是不同学科配备相应的学科馆员，这样不仅有利于更好地掌握学科资源以及学科动态方面的信息，还可以加强教师与学科馆员之间的联系，为教学活动提供专题信息服务，在科研工作中扮演协助者的角色，助力科研教学工作的开展。此外，学科服务团队的组成还需从学历、专业背景及年龄方面形成一套多层次的搭配结构。

第四节　智慧化学科服务发展与体系构建

信息化与数据资源环境的变化，使得各类科研要素（包括数据、文献、硬件设施、机构、人员等）日益走向信息化和数字化。一方面，数字化的数据海量涌现，可视化工具的出现使得数据的挖掘、模拟、仿真与试验成为现实，科研本身在悄悄地发生变化；另一方面，数字网络技术的发展，使得科研人员获取知识与数据的方式也发生了巨大的变化，各种公开网站、开放获取平台等方式使得研究者的自我驱动与自我组织能力不断增强，兴趣与问题驱动式学习促进了创造性地修正、回答与解决问题，进而构建新的知识体系。

面对大数据环境，高校的学科服务也要进一步创新。学科服务不仅需要有效组织数字知识资源环境、灵活组织各类信息资源体系，支持用户进行知识挖掘、计算、试验与评估，而且需要馆员对信息资源结构与规律的深度理解，熟练应用数据挖掘与分析工具，以专业的学科信息资源分析专家的身份协助学科服务对象，构建智慧化学科服务体系。

一、智慧化学科服务建设的必要性

学科服务的内容，最初主要是馆藏建设与发展、学科联络，最近则是强化与专业学习、科研、教学紧密相连的用户信息素养教育。近几年来，随着出版业数字化、信息服务网络化、学术交流虚拟化的发展越来越快，高校图书馆的学科服务面临的挑战和机遇也越来越多。

从 1987 年在《赣图通信》上有正式介绍"学科馆员"专业队伍的建设开始，到目前已经经历三个发展阶段和两次跨越。三大发展阶段即：介绍、宣传和尝试阶段（1987—1999 年），高校实践和快速发展阶段（1999—2005 年），学科化服务实践与学科馆员制度阶段（2006 年至今）。两次跨越即：第一次是从传统以图书馆端为标志的服务模式转向将服务推向客户端的模式，具有变革性；第二次是图书馆服务的整体迁移，并探索嵌入用户科研过程的学科化服务，具有深入性。近年来，"学科服务"逐渐取代"学科化服务"，成为学科馆员服务和学科服务的统称。

20 世纪 90 年代以来，随着外部环境和信息手段的迅速发展变化，高校图书馆的服务一直保持着创新与改革。从文献来看，陈汝龙[①] 在 1995 年较早地论述了信息化发展促进了学科馆员的专业化集成化服务，张晓林分别在 2000 年[②] 和 2003 年[③] 给出了数字化网络化的现代信息环境下，高校图书馆应提供什么模式的信息服务，之后关于大数据对高校图书馆服务影响的文献日益增多。教育部曾在 1987 年颁布《普通高等学校图书馆规程》，在 2002 年进行了修订，明确了信息时代高校图书馆的性质、服务方向及其地位，明确了"信息化"服务的中心任务，体现了高校图书馆在信息时代及网络环境下的特征及作用；随着改革推进及信息化、网络技术的发展，图书馆的信息服务环境发生变化，2015 年再次颁布新的修订版，修订原则之一就是"文献资源数字化和校园信息化的发展大大扩展了图书馆功能，

---

① 陈汝龙 . 论高校图书馆的最新变革——实行学科馆员与专业集成化服务 [J]. 上海交通大学学报（社会科学版），1995（01）：103-105+112.

② 张晓林，党跃武，李桂华 . 网络化数字化基础上的新型学术信息交流体系及其影响 [J]. 图书馆，2000（03）：1-4+29.

③ 张晓林 . 构建数字化知识化的信息服务模式 [J]. 津图学刊，2003（06）：13-16+80.

需要做一些引导性的规定来指导高校图书馆工作"。

（一）有助于开拓图书馆新业务

学科服务成为图书馆今后最为重要的发展方向，涉及参考咨询服务、专题信息服务、信息素养教育服务、教学支撑服务、知识发现情报分析服务、知识产权信息服务、知识资产管理服务、数字学术服务、科学数据服务和学科知识服务工具的利用，图书馆的服务已经不再以传统的书本资源借阅作为主业，开始从"图书资源中介"走向"教学科研合作伙伴"。借助资源导航、信息检索、数据利用与处理工具、大型数据库等方式，高校图书馆的服务内容从传统的文献信息服务转向数字知识服务，提供更多的情报分析与知识发现，强调数据素养教育与创新挖掘能力的提升，服务深度不断增强，重视个性化服务和基于科学研究的服务。

（二）便于满足用户的潜在需求

图书馆服务的受众群体是用户，对用户需求的了解和把握是满足用户需求的重要前提。学科服务的创新建设，激励学科馆员深入院系基层和科研一线，通过不断的互动与合作，直接观察与引导用户需求。从学科服务角度而言，学科馆员只有深入用户的科研与教学过程，才能真正体现图书馆员的价值与作用，学科服务的效果才能与用户需求保持一致。

学科馆员参与科研项目的整个过程，可以了解科研工作者对与信息资源相关的特定研究需求，尤其是数据资源的获取。学科馆员可以利用自己的信息数据专长，通过协同合作，帮助科研工作者获得基金。在不断的合作过程中，可以根据科研需求，衍生出新的用户服务，满足用户的潜在需求。

（三）有助于加快图书馆转型

传统图书馆以文献服务和信息服务为基础，而在大数据环境下，知识的产生、存储与使用均发生了巨大的变化，科学研究的学科跨度越来越大，越来越多的知识以数字形式存在，高校图书馆提供的文献数据库已经不一定能够满足用户的需求；同时，用户获取科研知识的途径与方式越来越多样化，Google 搜索、百度搜索等各种各样的方式已人人皆知，并且可以对知识进行组织、分析、重组与推送。知识服务时代的到来，极大地推动了图书馆转型。

学科馆员进行学科服务，通过融入学生的学习环境、教师的教学环境和科研人员的科研环境，帮助他们解决学习、教学与科研中出现的问题，发现其中隐含的知识或模式，以实现服务的升级与更新。2003 年起，中国科学院国家科学图书馆实施"资源到所，服务到人"，2006 年实施"融入一线，嵌入过程"，建设专职学科馆员团队，深入科研一线，提供到所、到组、到人的信息服务、知识服务。2013 年，北京大学图书馆借助机构调整，建立学科资源建设与学科服务双轨制的学科馆员组织模式，由学科资源建设团队（学科采访馆员）和学科服务馆员团队组成；学科资源建设通过选择和购买文献资源支撑学校的教学、科研、学习和管理，学科化服务则以个性化、针对性强的服务满足读者的学习与科研需求。

目前很多的高校图书馆都开始注重学科服务创新，建设智慧化学科服务体系，但也仅仅说明知识服务取得了一定的进展，现实中仍存在很多问题需要解决与克服。随着学科服务的创新越来越深入，当图书馆的各个层面、各个环节都具有了这种观念与意识并做出相应调整与改变，图书馆的资源越来越得到数字化和网络化的加工、开发与利用，图书馆的转型就实现了

二、智慧化学科服务的内涵及特征

随着大数据对社会各方面的影响不断深入，用户信息行为与科学研究环境出现很多新变化，实体图书馆作为文献信息媒介的作用不断弱化，图书馆不再是用户获取科研数据库的唯一途径。仅仅以沟通联络为特征的学科服务已经无法满足大数据环境下科研教学需求，智慧化学科服务由此产生。

有研究将学科服务在大数据时代的发展称为"嵌入式学科服务"[①]或"泛在化学科服务"[②]。我们认为，智慧化学科服务是大数据环境下高校图书馆的发展方向与重点，是图书馆服务面向网络时代和大数据环境的业务转型与升级，是智能化技术、图书馆业务与学科馆员智慧结合的产物，是图书馆服务发展的必然选择和发展趋势。它要求图书馆使用数字化、网络化、智能化的信息科学技术与手段，将图书馆的信息资源进行互通互联，为读者用户提供更加高效和便捷的服务；要求图书馆建立专业化、个性化的服务链条，提供精准、到位的集成知识资源；要求学科馆员充分利用信息知识和工具，帮助用户挖掘、组织海量信息的潜在规律，嵌入科研过程提供知识增值服务。简而言之，智慧化学科服务就是智能化技术＋学科馆员智慧＋图书馆业务与管理的总和。

智慧化学科服务的主要特征如下：

第一，知识共享化。建立在智能化基础上的学科服务，使用互联网技术将图书馆相互分割与独立的资料文献进行加工整理，实现读者用户与数

---

① 杨蔚琪.嵌入式学科服务——研究型大学图书馆转型发展的新思路[J].情报资料工作，2012，（2）：88-92.

② 初景利，吴冬曼.论图书馆服务的泛在化——以用户为中心重构图书馆服务模式[J].图书馆建设，2008，（4）：62-65.

据平台的相互智能连接，实现知识信息共享。智慧化学科服务可为读者用户提供全方位和一体化服务，通过知识与管理共享平台，解决读者各种各样的问题，同时为读者查找数据资源节约更多的时间，提供更加便捷的优质服务。

第二，需求个性化。每个研究个体的研究领域都不尽相同，其对文献调查梳理和学科前沿、发展动态的需求有区别化的差异，这就要求学科馆员针对每一个用户对文献、资源数据的需求提供个性化、差异化的学科服务。科研教学用户的需求不是基于图书馆现有资源的存在，而是针对自身的特色化需求要求学科馆员提供个性化服务。

第三，服务精准化。面对浩如烟海的数据资源与信息，如何快速、准确地查找到文献资源和得到指导服务是衡量现代高校图书馆服务质量的重要标志。智慧化学科服务就是借助智能技术，建立更加灵敏的管理与反馈机制、更加智能的信息数据系统，以及更加完善的服务与科研跟踪体系，为科研与教学用户提供更加精准的服务。

第四，渠道多元化。智能化学科服务重视人性化和人文关怀，强调对用户提供的服务及其服务效果，秉持"用户在哪里、服务就在哪里"的工作态度，为科研教学用户提供了多元化服务渠道。他们可以到馆进行咨询、培训或提供需求，也可以在线或网络平台进行信息资源的获取与数据处理指导，学科馆员也可以深入教学与科研一线进行专门化与针对性服务，让图书馆用户能够在每一时刻享受到智慧化学科服务带来的便利性。

三、智慧化学科服务建设的框架分析

智慧化学科服务强调以人为本，强调从科研用户的需求出发，进行服务内容与服务方式的规划调整与设计，借助资源、工具、方法、专业知识

等软硬件设施，提供高质量的信息化学科服务。重点是针对科研与教学用户提供的学科内服务，主要包括以下方面：

基于资源搜索与使用的参考咨询服务：大数据具有开放性、跨界连接性和易获得性，大数据挖掘和分析，可为图书馆参考咨询服务提供一定的参考和良好的预测依据。在大数据环境下，紧跟教学科研需要，借助大数据分析技术（包括机器自学习分析、数据挖掘、统计分析），有效了解科研教学用户的数据信息需求及存在的问题，及时解答相关问题并提供最优化的数据利用解决方案。

基于数据获取与处理的数据素养服务：大数据时代使得数据不再仅仅是最终目的和结果，数据价值主要在于它的使用，而非占有。为此，在大数据时代，学科馆员应努力帮助用户提供基于数据获取与处理的数据素养服务，帮助高校师生用户挖掘数据的潜在价值，提高数据的利用效率。数据素养服务主要体现在数据解读、数据管理、数据利用、数据评价等，强调对数据的操作和使用，另外还包括数据的伦理道德修养、数据存取等。学科馆员要具有高效发现、评估与使用信息和数据的意识和能力。

基于文献信息与数据的学科支撑服务：在大数据时代，随着数字图书馆的普及，高校图书馆借助学校网络、数据服务商等的网络技术优势和电子资源优势，开始向用户提供越来越多的资源与信息。但要想真正对学校的教学与科研机构提供定位准确的信息资源，必须要创新服务内容与模式，充分利用现代信息技术和学科馆员的专业素质对图书馆的服务进行提升与拓展。大数据时代的智慧化学科支持服务就是高校图书馆根据学科教学与科研计划、安排，有组织地开展旨在帮助教师、学生和科研人员改善与提升教学、学习、科研过程，实现教学、科研目标及世界一流学科建设。

基于数据挖掘与分析的决策支持服务：在大数据时代，科研数据成果的统计与整理，对学校的学科建设与发展起到至关重要的作用。进行学校的资源配置和发展方向决策时，需要大量信息分析和知识服务。高校图书馆的决策支持服务，是以管理部门的需求为目标驱动，以图书馆丰富的文献资源、数据资源为基础，图书馆员利用专业的文献搜集技能和情报分析方法，对多渠道信息进行筛选归纳、数据统计、综合分析，形成系统的决策知识产品，供管理决策者在短时间内全面掌握信息。主要包括以科研数据收集和整理为主的基础数据服务、以事实查询为主的进阶检索服务、以综合研究报告为主的全面分析服务、以前沿性预测为主的深层挖掘服务。

基于数据服务与反馈的个性化服务：个性化服务是大数据环境下学科服务的必然趋势，是满足科研工作者和师生多样化、专业化科研教学需求的高层次学科服务模式，能够帮助用户在有效的时间内得到精准正确的信息资源。其主要任务是构筑一套追踪用户需求、了解用户研究方向、推送数据资源服务的反应机制，打造图书馆资源与用户之间的沟通桥梁，随时随地解决用户咨询问题。主要内容包括个性化数据信息追踪推送服务、科技查新与论文收引创新服务、数据资源的跨库检索服务等。

参考文献

[1] 陈冬梅.高校图书馆助推校园文化建设探讨[J].新西部，2022（05）：125–127.

[2] 陈馨梅.我国高校图书馆的文化价值实现研究[D].哈尔滨：哈尔滨理工大学，2014：12.

[3] 初景利，吴冬曼.论图书馆服务的泛在化——以用户为中心重构图书馆服务模式[J].图书馆建设，2008，（4）：62–65.

[4] 丛圣含.高校图书馆建筑更新设计的思维表达研究[D].吉林：吉林艺术学院，2021.

[5] 崔延飞.新时代高校图书馆建筑设计探讨[J].中国建筑装饰装修，2022（08）：113–115.

[6] 邓新梅.我国高校图书馆建筑空间模式演变[J].华中建筑，2020，38（12）：44–48.

[7] 刁长河.浅谈加强高校图书馆管理文化建设[J].东方企业文化，2012（24）：252.

[8] 傅志海.高校图书馆助推校园文化建设策略探讨[J].造纸装备及材料，2022，51（01）：202–204.

[9] 高新民，罗岩超."图灵测试"与人工智能元问题探微[J].江汉论坛，

2021（01）：56–64.

[10] 贺芳．高校图书馆建设探析 [J]. 科技创业月刊，2022，35（04）：
92–96.

[11] 侯淑香．基于人工智能的高校图书馆智慧服务模式研究 [J]. 科技资
讯，2022，20（08）：184–186.

[12] 黄茜．高校图书馆融合校园文化建设的策略研究 [J]. 文化产业，
2021（33）：46–48.

[13] 黄亚平．人工智能在高校图书馆智慧服务中的应用研究 [J]. 兰台内
外，2021（28）：50–52.

[14] 江滢滢，汤雯．智慧化视角下高校图书馆教学支持服务的路径探
索 [J]. 吉林工程技术师范学院学报，2022，38（04）：60–62.

[15] 焦青高校图书馆文化建设研究 [M]. 北京：中国商务出版社，2019.

[16] 黎小妮．数据赋能高校图书馆智慧化线上服务的发展趋势 [J]. 图书
馆，2022（04）：65–72.

[17] 李佳智．高校图书馆建筑中庭空间设计研究 [D]. 大连：大连理工
大学，2012.

[18] 李玲．论新时期高校图书馆精神文化建设 [J]. 办公室业务，2017
（19）：165+167.

[19] 李维韬，张毅．高校图书馆建筑传统空间形态研究 [J]. 居舍，2019
（10）：173.

[20] 李永霞，卢胜利．高校图书馆建设与校园阅读推广 [M]. 成都：电
子科技大学出版社，2018.

[21] 利锐欢，谢玉祺．基于大数据的安全生产人工智能应用分析 [J]. 科
技资讯，2022，20（14）：76–78.

[22] 林永照. 数字时代高校图书馆建筑空间规划研究 [J]. 张家口职业技术学院学报，2011，24（02）：49-51.

[23] 孟涛. 浅谈高校图书馆智慧化服务的实施途径 [J]. 兰台内外，2020（19）：61-63.

[24] 汪海艳. 浅析高校图书馆网络化的建设及发展 [J]. 科技风，2016（16）：207.

[25] 汪浩. 信息化时代高校图书馆智慧化服务探究 [J]. 鞍山师范学院学报，2021，23（06）：105-108.

[26] 王丽雅，蒋宏力，钱晓辉. 高校图书馆建筑空间功能研究 [J]. 图书馆学刊，2017，39（05）：27-30.

[27] 王莉. 加强高校图书馆文化建设研究 [J]. 文化产业，2022（21）：86-88.

[28] 吴爱芝. 大数据时代高校图书馆智慧化学科服务研究 [M]. 北京：海洋出版社，2018.

[29] 吴翔，郑晖. 高校图书馆文化建设研究 [J]. 兰台内外，2021（10）：49-51.

[30] 徐斌. 智慧型高校图书馆建设与运营模式探索 [J]. 时代报告（奔流），2021（10）：114-115.

[31] 杨德伟. 高校图书馆"双一流"建设的战略思考 [J]. 科技资讯，2022，20（10）：202-204.

[32] 杨蔚琪. 嵌入式学科服务——研究型大学图书馆转型发展的新思路 [J]. 情报资料工作，2012，（2）：88-92.

[33] 印伟. 移动环境下高校图书馆智慧服务模式研究 [J]. 遵义师范学院学报，2019，21（05）：171-174.

[34] 张鑫，王明辉 . 中国人工智能发展态势及其促进策略 [J]. 改革，2019（09）：31-44.

[35] 赵静 . 高校图书馆的功能演进 [M]. 北京：清华大学出版社，2016.

[36] 赵兴华 . 高校图书馆读者智慧化服务探究 [J]. 信息与电脑（理论版），2021，33（16）：26-28.

[37] 郑丽 . 信息时代高校图书馆发展与创新探索 [M]. 济南：山东大学出版社，2018.

[38] 朱珺 . 高校图书馆功能与建筑新论 [M]. 南昌：江西高校出版社，2012.

[39] 宗斌 . "互联网 +" 高校图书馆智慧化服务模式管窥 [J]. 传媒论坛，2021，4（09）：147-148.